D0998884

LA MUSIQUE
DANS LA SOCIÉTÉ
ANTILLAISE

COLLECTION RECHERCHES ET DOCUMENTS
MONDE ANTILLAIS

Jacqueline ROSEMAIN

LA MUSIQUE
DANS LA SOCIÉTÉ
ANTILLAISE

1635-1902

MARTINIQUE GUADELOUPE

Éditions L'Harmattan
5-7, rue de l'École-Polytechnique
75005 Paris

© *L'Harmattan*, 1986
ISBN : 2-85802-685-8

A mes petites filles

A la mémoire du Père Fabre
sans qui ce livre n'aurait vu le jour.

Avant-Propos

Ce livre n'est qu'une ébauche d'un grand ouvrage qu'il reste à écrire par tous ceux qui désirent non seulement comprendre la musique antillaise, mais encore connaître ses origines savoir pourquoi elle sommeille pendant de longues périodes et ressurgit chaque fois que les événements l'imposent, toujours aussi vivace.

Vu l'étendue du sujet, il nous a été impossible de réunir tous les documents existants et d'exploiter bien des renseignements. Beaucoup de pistes offertes ou connues ont été laissées de côté, car elles différeraient la sortie de l'ouvrage.

Bien que la Martinique et la Guadeloupe ne furent pas les seules colonies françaises, ce sont ces deux îles qui ont retenu notre attention. Sainte-Lucie et Tobago ayant été cédées aux Anglais par le traité de Paris, Saint-Domingue elle, conquit son indépendance.

Notre fil conducteur fut les trois expressions musicales encore vivantes : la musique au tambour, la biguine et le quadrille. Elles nous ont conduits à l'histoire événementielle et politique des îles. Nous ne pouvions pas les dissocier ; de même, nous ne pouvions dissocier l'action des deux pouvoirs coloniaux, État et Église, des musiques africaines et européennes.

Nos sources ont donc été les histoires de France et des colonies, l'histoire de la musique française, les lois et arrêtés gouvernementaux et gubernatoriaux, le Code Noir, les rapports des gouverneurs, des préfets apostoliques, des évêques, des conseillers souverains, les gazettes officielles, journaux locaux, les chants recueillis auprès des habitants, les visiteurs, les rythmes encore joués, enfin les entretiens avec les musiciens antillais et africains.

Nous nous sommes arrêtés à l'année 1902, date de la disparition de Saint-Pierre par l'éruption de la Montagne Pelée de celle de la vie culturelle et de la biguine pendant de nombreuses années. En effet, Saint-Pierre fut pendant les premières années de la colonisation, le centre culturel des Antilles. Si le Cap à Saint-Domingue lui ravit ce titre pendant quelque temps, il le lui revint après son indépendance.

Parler de la musique des esclaves à partir des écrits des gouverneurs et des évêques peut paraître prétentieux et paradoxal. Cela nous fut indispensable, car ces administrateurs eurent une influence certaine sur la musique antillaise, il n'est que de consulter le Code Noir. Toutefois nous nous sommes aussi référés aux ouvrages des ethnomusicologues et musiciens africains, haïtiens et avons séjourné en Haïti pour étudier les similitudes entre les musiques et les danses des trois îles.

Pour ce panorama historique, les histoires de France, de la Martinique et de la Guadeloupe n'ont été qu'un support. Aussi renvoyons-nous nos lecteurs soucieux de détails, aux historiens. De même, la musique des esclaves des XVIIᵉ et XVIIIᵉ siècles n'ayant pas été notée, les chants illustrant notre discours ne sont pas d'époque. Ils n'ont qu'un but indicatif. Toutefois, nous nous sommes efforcés de respecter le contexte social étudié.

Nos recherches nous ont fait découvrir que le système colonial permit aussi à la France de faire rayonner sa culture dans le Nouveau Monde américain. Sa musique de cour, ses danses, sa musique lyrique et instrumentale furent diffusées par les musiciens de ses bateaux de guerre, de commerce, et les troupes de comédiens privilégiées. L'histoire différente des deux îles a eu pour conséquence, un langage musical populaire différent dans chacune d'elles. En effet, les esclaves de la Guadeloupe, libres après la première abolition de l'esclavage, de 1794 à 1802, se sont remis à leur musique au tambour, et à honorer leurs dieux, les religieux ayant fui l'île avant l'abolition ou ayant été déportés. Celle-ci restituée, les défenses de l'Église n'eurent pas le même impact les missionnaires n'étant pas aidés dans leur entreprise par les colons.

La musique populaire de la Guadeloupe est donc la musique africaine, quelque peu créolisée avec le temps. Ses chants dansés sont accompagnés des tambours et chachas (maracas), celle de la Martinique est une symbiose des deux civilisations, africaine et française. Les danses chantées sont jouées par des instruments mélodiques : piano, violon, flûte, clarinette, etc., accompagné par des percussions diverses. Elle suit le style de la musique populaire américaine noire.

Toutefois, ces deux langages ont gardé de l'Afrique la prédominance du rythme et leur indissociabilité au chant, et à la danse.

Tout au long des siècles, les « Assemblées » et plus tard, les « sociétés » des esclaves ont fortement été combattues, contrôlées par l'État et l'Église, parce que pour l'État elles favorisaient un trop grand rassemblement d'esclaves unis dans un même but : prier pour lutter contre les maîtres, pour l'Église, ils honoraient des dieux païens et exécutaient à ces cultes des danses érotiques et obscènes.

En dépit de ces défenses légales et religieuses, les danses et par conséquent les cultes perdurèrent. Ils furent le trait d'union entre les diverses communautés, leur identité africaine et en même temps un élément de résistance. Car nous retrouvons leurs rythmes dans les deux langages.

A propos du mot créole, nous mettons en garde contre toute confusion entre le nom et l'adjectif, le premier signifiant « homme ou femme de race blanche né aux Antilles ou en Amérique tropicale », le second « se disant à propos des langues parlées par les Noirs d'Amérique du Sud et aux Antilles ». Nous avons assimilé la musique, puisqu'elle est langage sonore, aux langues parlées, et avons utilisé les termes de musique créole.

Les danses africaines et créoles furent combattues par l'Église et les danses créolisées, fortement encouragées, leur furent opposées.

Le système colonial et ses préjugés de classes et de races en hiérarchisant la musique, juge celle des esclaves comme inférieure, dénuée de tout intérêt artistique. La musique dite savante fut l'apanage de la bourgeoisie blanche et de couleur lettrée, la musique créole celle de la petite bourgeoisie de couleur, et la musique créolisée celle du peuple. Mais les danses créolisées, et plus particulièrement la biguine, à la fois créolisée et christianisée, créolisée parce qu'elle est l'osmose de la musique africaine et de la musique française, christianisée, parce qu'on y retrouve les rythmes du calenda africain, fut prisée de toutes les classes sociales toute ethnie confondue.

Nos analyses, n'engagent que nous. Elles ont été faites à partir des documents que nous avons étudiés. Nous n'avons nullement la prétention de détenir la vérité. Nous avons tenté de signifier les faits sans esprit partisan. Nous avons choisi délibérément de rester en dehors de toutes querelles politiques et ethniques. Puisse notre livre, loin d'être exhaustif, encourager ceux qui s'intéressent à la musique des Antilles, à continuer nos recherches. La route est parfois ardue, mais, combien enrichissante.

Chapitre premier

Les débuts de la colonisation
1635-1714

DONNÉES HISTORIQUES

Au XVᵉ siècle, le Nouveau Monde est l'enjeu des rivalités des puissances européennes, Angleterre, Hollande, Espagne, France. L'or, les pierres précieuses, les épices en sont les motivations. La découverte de l'archipel caribéen situé à mi-chemin de la route du Nouveau Monde par Christophe Colomb, en 1495, sous la bannière de Philippe II de Castille, en font des possessions espagnoles. Mais cette appartenance n'est en fait qu'un acte politique, et les îles restent l'objet de convoitise des autres puissances.

En 1635, deux d'entre elles, la Martinique et la Guadeloupe deviennent françaises. Acquises dans le but « de planter la foi chrétienne à la gloire de Dieu et l'honneur du Roi, et pour condition de mener des prêtres et de cultiver et travailler à toutes sortes de mines et de métaux, moyennant un droit d'un dixième à l'État » [1], elles sont confiées à des compagnies privées, et dès le premier voyage, des religieux accompagnent les colons.

En fait d'or et de pierres précieuses, la richesse des îles viendra de la culture de la canne à sucre. Leur économie devient prospère à partir de 1650, avec l'arrivée des colons chassés du Brésil. (Ils y apportaient le procédé du blanchiment du sucre.) Les gouverneurs alors, s'approprient les îles. Le Roi abusé et mécontent les rachète et les rattache à sa couronne en 1674. Pour réglementer le travail et faire respecter les devoirs chrétiens, il fait rédiger le Code Noir.

LA SOCIÉTÉ

Une société de type colonial se met en place dont les caractéristiques sont : l'esclavage, les disparités sociales, raciales et financières.

Elle n'a que deux classes subdivisées chacune en deux groupes sociaux : la classe dominante ou dirigeante, composée des gouverneurs, religieux, officiers, et la classe dominée ou servile, composée de Caraïbes, d'Africains, et d'engagés.

Appartiennent à la classe dominante : les agents des compagnies, les colons, artisans ; à la classe servile, mais sans le statut d'esclave : les engagés, c'est-à-dire des paysans français à la recherche de la fortune, recrutés avec un contrat de travail de trente-six mois, à l'échéance duquel, ils peuvent acquérir avec leurs économies des concessions de terres.

Exception faite des Caraïbes et Africains, la population est européenne. En effet, outre les Français qui sont en grande majorité, nous trouvons quelques Hollandais, Allemands, Polonais. Les provinces de France les plus représentées sont : la Normandie, la Bretagne, l'Ile de France, La Saintonge, la Provence et la région parisienne.

LA MUSIQUE

Comme pour toute société, la musique occupe une grande place dans la société coloniale. Mais les historiens n'en firent guère état. Leurs préoccupations étaient les faits militaires, politiques, économiques et l'inapplication des lois. Or, la musique fait partie des éléments du pouvoir. En effet, la mise en place de celle-ci impliquait non seulement une politique économique nouvelle, mais encore une politique culturelle. La musique religieuse et la musique militaire seront les symboles du pouvoir, celle de la classe dominante (musique de cour, de danse) ceux de sa puissance, de sa supériorité en même temps qu'un élément de hiérarchie interne. La musique des esclaves tout en étant un des moteurs de l'économie sucrière, sera un facteur de paix sociale.

L'appareil politique aura donc une influence déterminante sur la musique aux colonies. Les administrateurs, la diversité des origines des esclaves, les événements politiques et militaires joueront un rôle non négligeable, du fait de la personnalité des premiers, des traditions des deuxièmes, de la politique européenne et coloniale. Aussi les deux îles, bien que découvertes à un jour d'intervalle, régies par les mêmes lois, auront un langage populaire musical différent.

En effet, le sort favorise climatiquement et politiquement la Martinique. Par relation de cause à effet, son économie sera rentable, sa vie sociale tout de suite plus animée, et la musique occupera une place plus importante dès les premières années de la colonisation. Monsieur Du Parquet, un des premiers gouverneurs, homme cultivé, intelligent, pacifique, fait rapidement du lieu de débarquement, Saint-Pierre, un bourg administratif et portuaire.

Épargnée par les ouragans, le démarrage économique de l'île est rapide, décisif, le commerce devient prospère, et Saint-Pierre prend les allures d'une grande cité florissante par laquelle s'effectue tout le trafic commercial et négrier, aussi bien celui avec les autres îles françaises et par conséquent la Guadeloupe, que celui avec la France, ceci en vertu du système de l'exclusif. En 1668, elle est élevée au rang de ville administrative pour les deux îles. Le gouverneur de la Martinique devient alors gouverneur général de la Martinique et de la Guadeloupe.

En tant que chef-lieu, elle bénéficie de tous les privilèges et attributs du pouvoir : résidences administratives, religieuses (les Jésuites ont un magnifique domaine dans le quartier du Fort qui suscite l'admiration de tous), écoles (il y a deux pensionnats pour les jeunes filles tenues par les Ursulines et les Dominicaines). Les revues militaires et les fêtes, civiques et religieuses, ont un éclat particulier.

A la Guadeloupe, les choses se passent autrement. L'ivresse et l'euphorie des premiers jours sont de courte durée. Les deux premiers gouverneurs, Olive et Duplessis, s'opposent. Les épidémies, la famine et les cyclones s'abattent sur l'île. Son démarrage économique est compromis. Son troisième gouverneur, Monsieur Houël, n'ayant aucun sens du service public, vide les caisses de la compagnie, s'approprie l'île ainsi qu'une de ses dépendances : Marie-Galante. C'est le coup de grâce. La Guadeloupe devient dépendante de la Martinique, politiquement, militairement, commercialement, culturellement, et ce, jusqu'en 1763. Tout son trafic commercial et négrier se fait par Saint-Pierre, sur des caboteurs exclusivement martiniquais, avec un équipage originaire de la même île. Les prises de guerre de ses flibustiers sont impérativement conduites à Saint-Pierre. Ses habitants réclament des collèges pour l'éducation de leurs enfants : « ... Il manque des Ursulines à la Guadeloupe pour l'éducation des filles ; elles ont le mauvais exemple des nègres ; un collège établi en Guadeloupe serait d'une extrême utilité pour les garçons de toutes les îles qui trouveraient le moyen d'apprendre sans être obligés d'aller jusqu'en France, ce qui est ruineux », s'exprime un colon lors d'un discours à Paris. Mais ses demandes [2] restent lettres mortes. Elles étaient à l'opposé des motivations du Roi : les îles avaient été acquises à titre de comptoirs et devaient le rester.

Tous ces faits auront des répercussions sur la vie sociale. A la Martinique, les différentes expressions musicales : religieuse, militaire, savante, populaire européenne et africaine, trouveront leur place. De leur cohabitation naîtra la musique créole, qui dès ses débuts sera le langage de l'esclave né et baptisé dans l'île. L'esclave de la Guadeloupe lui, conservera son langage au tambour.

LA MUSIQUE DU POUVOIR

La musique militaire. Administrativement nos îles vivent aux heures métropolitaines. Les fêtes nationales, civiques et religieuses sont scrupuleusement observées. Bien que célébrées avec moins d'éclat, principalement à la Guadeloupe, elles obéissent au même cérémonial :

Neuf heures :

Formation du cortège officiel. Gouverneurs et Intendants se joignent aux fonctionnaires civils et militaires, réunis à l'hôtel du gouvernement, puis en carrosse, précédés des trompettes de cavalerie et suivis du tambour major, se dirigent sur la place d'armes, la « Savane », au rythme des marches militaires.

Dix heures :

Revue militaire : Tout d'abord les chevaux de la cavalerie exécutent leur caroussel, puis les régiments de la Marine et de l'Infanterie défilent sur des symphonies exécutées par leurs musiciens. Enfin la milice précédée de ses deux tambours noirs, battant l'assemblée, ferme la revue.

Onze heures :

Le cortège officiel se rend à la paroisse des Blancs, où une grand-messe est chantée avec des intermèdes musicaux où la musique militaire exécute des symphonies. Un Te Deum clôture la cérémonie.

Douze heures :

A l'hôtel du gouverneur, administrateurs et notables portent la santé en l'honneur du Roi, pendant que les trompettes jouent « L'Ordonnance » c'est-à-dire l'Hymne royal. Pendant le banquet les musiciens de la cavalerie, exécutent des symphonies et des variations sur les airs populaires français.

L'après-midi :

Concert sur la place d'armes par la musique militaire.

Le soir :

Évolutions des frégates illuminées dans la rade, puis bals.

A propos de la musique militaire, il faut savoir qu'au XVIIᵉ siècle, il n'y en a pas. A part les symphonies, et divertissements musicaux, ce sont les chansons populaires, leurs arrangements ou encore des improvisations à partir de ces chants qui en forment le répertoire.

Donc dès 1635, les célèbres « En Passant par la Lorraine », « Compère Guilleri », « Ah, Je l'attends », « Les Mousquetaires », « Au clair de la lune », etc., résonnent dans les forts, dans les bourgs administratifs, sur les frégates, corvettes royales, sans oublier celles des flibustiers, ces personnages héroïques qui prêtaient main-forte à la flotte royale. Paradoxe ! Ce sont les esclaves qui convoient la musique populaire française sur la mer des Caraïbes. En effet, ils sont les musiciens des flibustiers.

Le gouverneur de par sa fonction, représentant de la France hors de l'Europe, devient un personnage important et a, lui aussi, droit à des hommages militaires. C'est ainsi qu'à Saint-Pierre, « les Parisiens faisaient ordinai-

ordinairement au premier jour de l'An et au jour de la fête de Madame du Parquet, des cavalcades et des réjouissances extraordinaires et paraissaient dans des équipages aussi lestes, que le pays pouvait permettre. Les Normands qui étaient du pays de Monsieur Du Parquet, piqués de jalousie, en voulurent faire autant, si bien qu'il y avait une émulation entre les deux nations, à qui feraient plus de dépenses. Mais la raillerie se mêlant avec l'émulation, on en vint aux brocards et enfin aux querelles et aux combats particuliers »[3].

On retrouvait cette émulation pendant les bals officiels, mais cette fois entre musiciens militaires et esclaves. En effet tous deux les animaient. Les premiers exécutaient les danses de cour, menuets, gavottes, allemandes, bransles, etc., les seconds les danses coloniales originaires du Nouveau Monde : Fandango, chacones, forlanes, etc.

La musique religieuse. Le pouvoir étant de droit divin et les îles acquises pour y apporter la foi, les musiciens de l'Infanterie ou de la Cavalerie, sont de toutes les messes officielles, solennelles, toujours suivies de Te Deum, l'hymne symbolisant les deux pouvoirs. Les œuvres interprétées nous sont inconnues, car ce n'étant pas l'usage en France de les mentionner, aux colonies il en sera de même.

Pour leur service quotidien, certains religieux avaient amené avec eux leurs chantres, les autres faisaient appel aux colons qui pouvaient en assurer la charge. Là encore il était question d'émulation, non pas entre chantres blancs, mais entre chantres blancs et noirs. Car chaque ethnie avait sa messe, et celle des esclaves attirait les foules, ils n'y trouvaient pas de places : « Très peu d'entre eux y peuvent entrer pendant la messe, quoiqu'elle soit appelée messe de nègres... Tout ce qu'on peut faire, c'est d'y trouver place pour une centaine de nègres qui sont des mieux dressés à chanter... les principes du catéchisme et les prières en français, et le tout est terminé par le Domine Salvum fac et quelquefois, on substitue à ces prières des cantiques conformes aux diverses solennités. Les chantres... chantent... les lettres de Dévotions sur les airs les plus nouveaux et les plus délicats non sans exciter de grands sentiments d'admiration et de piété, principalement dans l'esprit des Français nouvellement venus [4]. » En effet, les nouveaux arrivés n'arrêtaient pas d'être étonnés parce que d'une part, les missionnaires donnaient à leurs cérémonies une solennité comparable à celle des grandes églises parisiennes, émulation et système colonial obligent, d'autre part les chants religieux quelles que soient leurs difficultés, étaient mieux exécutés par les esclaves. Que chantait-on dans les églises parisiennes ? Des motets, mais aussi des cantiques, des histoires sacrées, accompagnés par des instruments : (flûte, violon, hautbois ou orgue). Aux colonies l'accent était mis sur les cantiques, les histoires sacrées, accompagnées dans les débuts par des instruments.

MUSIQUE ET SOCIÉTÉ

Les agents des compagnies et les riches colons organisent leur vie comme les hobereaux de France. Ils adaptent simplement leurs distractions au climat, à la géographie de leur île : Le jour ils chassent ou se baignent dans les rivières, le soir ils se reçoivent, discutent des travaux de leurs propriétés confiés à des géreurs. Après le souper, ils font de la musique d'ensemble, les femmes et les jeunes filles se mettent au clavecin ou au pianoforte, chantent des airs de cour, les hommes écoutent, et quelquefois se font applaudir.

Les moins fortunés occupent leurs soirées à jouer pendant que les femmes et jeunes dansent. Le docteur Cravenne qui fit de fréquents séjours aux colonies raconte : « Au début de la colonisation le plus riche n'avait guère qu'un habit de drap à la française, vêtement d'apparat qu'il n'endossait qu'aux grands jours, l'épée au côté. Arrivé chez son hôte on lui présentait la veste de bazin blanc et un serre-tête de toile ou un chapeau de paille...

C'était des dîners sans fin, où le madère coulait d'un quartant placé sur la table triomphalement et que couronnait un dessert gigantesque chargé de sucreries... Le jeu succédait aux repas.

Le tapis étincelait d'or qu'on gagnait ou qu'on perdait sans regret, au résonnement des verres de punch qu'apportaient sans cesse des esclaves attentifs, pendant ce temps, la jeunesse de la compagnie improvisait un bal, où la créole au pied nain, la tête couronnée d'un madras des Indes, brillait par la souplesse de sa taille et son intrépidité au plaisir de la danse [5]. »

Ces danses sont nombreuses, elles varient selon les pays d'origine du colon, elles sont généralement vives animées et sautées. Les plus appréciées sont par ordre de préférence les branles et les voltes, les passe-pieds, les gavottes, les sarabandes. Cette liste n'est pas exhaustive, nous n'avons indiqué que les danses françaises les plus citées par les chroniqueurs. Il nous faut ajouter certaines, d'origine africaine, comme la « gigue des Nègres », ou le « menuet congo ». Les colons en raffolaient ; en fait c'était les danses de la fécondité, comme par exemple la « Fricassée » en Provence, dansées aussi dans certaines régions françaises. Elles étaient défendues par l'Église qui les qualifiait de « déshonnêtes ».

Les bals occupent la plus grande place après le jeu. Le manque de distractions culturelles, l'ignorance de la plupart des colons, le désœuvrement des femmes, font qu'ils deviennent un sujet de préoccupation et... d'émulation entre les familles surtout dans les villes.

Les bals. Ils sont préparés avec un soin extrême et attendus avec fébrilité, voire émoi. Si les danses aristocratiques comme les menuets, gavottes, etc., sont les obligées des bals officiels, les fandangos, tarentelles, saltarelles, gigues anglaises, menuets congos, branles écossais, danses voluptueuses et sensuelles font la joie des colons.

16

Elles sont généralement jouées au violon accompagné d'un tambour ou d'un tambour de basque par les esclaves. Mais quand un esclave savait jouer de la trompette par exemple, il était tout heureux, de même que ses maîtres, de pouvoir jouer des voltes. Il rehaussait le prestige de la maison.

Quelquefois au cours de la soirée, les femmes ou les jeunes filles faisaient danser leurs amis, elles tenaient alors le clavecin ou le pianoforte. Elles provoquaient l'admiration de tous, la jalousie de certains et la fierté de leur famille, car elles faisaient montre, s'il en était besoin, de leur aisance financière et de leur éducation artistique, privilège réservé à un petit nombre. En effet, ces jeunes ne pouvaient être que celles qui fréquentaient les pensionnats des Ursulines, ou plus rare encore, celles qui avaient leur maître à danser. Car si les danses coloniales s'apprenaient entre amies (on se passait les partitions quand on ne pouvait se les procurer sur place), les danses de cour s'enseignaient au pensionnat de Saint-Pierre.

En effet, pour assurer l'éducation et donner les bonnes manières, aux jeunes filles des colons, par permission royale, les religieuses de la Confrérie de Saint-Ursule ouvrent un pensionnat à Saint-Pierre en 1668. Prodiguant à leurs élèves les mêmes enseignements qu'en Métropole, le cours de musique trouve tout naturellement sa place tous les jours entre seize et dix-sept heures. Il est confié à un maître de musique parisien soit recruté pour la circonstance, soit de passage. Car cette fonction immortalisée par le maître à danser de Molière, étant fort mal rétribuée en France, certains maîtres, animés de l'esprit d'aventure et pensant faire fortune, embarquaient pour les îles.

A l'encontre de leurs espérances, ils étaient aussi peu récompensés par les Ursulines. Mais contre mauvaise fortune, aux colonies ils ne faisaient pas bon cœur, sitôt leur contrat achevé, ils s'installaient à leur propre compte ou offraient leurs services aux colons. Pendant les ruptures de contrat, une dame « de la bonne société » assurait les cours.

C'est ainsi que les jeunes créoles apprennent à déclamer, à chanter les derniers airs de cour, à danser les danses aristocratiques, dans les règles de l'art, et à jouer du clavecin, de la harpe, du luth, de la mandoline. Le quinton, la flûte, la viole de gambe étaient fort peu appréciés pour les déformations physiques que leur pratique pouvait apporter : le quinton faisait mal se tenir les demoiselles et les instruments à vent pouvaient leur déformer les joues.

LA MUSIQUE SERVE

LA MUSIQUE DES ENGAGÉS

Rien n'a été dit par les historiens et chroniqueurs à propos de la musique des engagés. Il est vrai que cette classe sociale disparaît rapidement du fait de la rigueur du climat et des conditions de travail. Excepté quelques forçats, tous sont issus de la classe paysanne la plus pauvre de-

France. A leurs rares heures de loisirs, ils chantent et dansent à la mode de leur pays d'origine, principalement la Seine-Maritime et la Bretagne. Or au XVIIIᵉ siècle, ces contrées subissent encore dans leurs expressions musicales, l'influence de la longue occupation anglaise dont l'empreinte la plus spectaculaire fut celle des country dances, devenues les contredanses. Ce groupe social bien qu'éphémère, fut en son temps l'un des maillons de la société coloniale à avoir transporté sur les « terres d'Amérique », le patrimoine musical français dont les contredanses.

LA MUSIQUE DES ESCLAVES

Le défrichage des terres jusque-là en forêts, et leur mise en valeur nécessitent une main-d'œuvre robuste et nombreuse. Les colons font appel aux occupants des îles : les Caraïbes. Ceux-ci refusant le statut d'esclaves qui leur est imposé, ils sont alors remplacés par des « Brasiliens » qui opposent la même fierté, la même indocilité. Ils se tournent alors vers les esclaves africains.

De ce fait, si les amérindiens ont laissé dans l'expression musicale de la classe serve une empreinte, celle-ci nous échappe en raison de la brièveté de leur emploi, du caractère oral de leur musique et de l'hostilité entre administrateurs et Caraïbes. Par contre l'esclavage des Noirs a marqué l'histoire des colonies de façon indélébile, économiquement, politiquement, socialement et musicalement. Dès leur arrivée, dépersonnalisés par les péripéties de leurs captures et voyages, le mépris et la cruauté auxquels ils ont été en butte, les affres de leurs ventes, leur exposition nus sur les marchés, leur achat et le travail pénible et long (quinze à seize heures par jour), auxquels ils sont soumis, les Noirs se réfugient dans leurs souvenirs et se raccrochent à leur religion : l'animisme. Mais sur ces terres d'obédience catholique, qui dit animisme dit idolâtrie, sorcelleries, danses obscènes, autant d'éléments combattus par l'Administration et défendus par les missionnaires.

Quoique réglementée par le Code Noir et traquée par l'Église, cette religion restera vivace.

L'animisme accordant une très large place aux danses et chants sacrés, ceux-ci deviennent l'unique ancrage de l'esclave, le trait d'union de toutes ces « nations » aux dialectes si divers, langage par lequel, une certaine Afrique reste vivante par-delà les océans. Pour mieux cerner le rôle de la musique il convient de rappeler les caractéristiques essentielles, en ce qui nous concerne, de la société et de la musique africaines.

Tout d'abord, le système social africain est communautaire. Chaque communauté est régie par une société mère, qui regroupe des sociétés sœurs : sociétés de distractions, de femmes, de chasseurs, d'agriculteurs, etc. Chacune d'elle a ses rites, ses chants et ses danses. Quant à la musique, elle n'a qu'une forme d'expression, à la fois cultuelle et profane. Les rythmes, les chants et les danses y sont indissociables. Elle est le langage privilégié. D'origine divine, l'Africain lui attribue tous les pouvoirs : celui de tenir en échec les puissances maléfiques qui l'entourent, d'assurer le succès de ses travaux, la fécondité de ses bêtes, d'entrebâiller la porte du royaume des défunts. Sa moindre activité : labours, semences, récoltes, construction de cases, etc., est accompagnée de chants. Or aux colonies tout est différent. L'Africain n'est plus qu'un esclave dans une société hiérarchisée. Il doit se soumettre à des lois sociales à l'opposé des siennes : Il lui est interdit de chanter en travaillant, d'honorer ses dieux, de danser.

Sous ces pressions l'esclavage devient la source d'altérations des traditions africaines, et dans le même temps le générateur d'une expression musicale nouvelle. En effet, l'organisation de la vie quotidienne mettra en relief deux langages musicaux, l'un africain, pratiqué par les esclaves des plantations, l'autre créole, issu de la cohabitation des musiques françaises coloniales et africaines, pratiqué par les esclaves citadins.

LA MUSIQUE DE L'ESCLAVE DES PLANTATIONS

Les esclaves ruraux deviennent des ilotes. Regroupés sur des plantations éloignées les unes des autres, ils vivent isolés, car ils n'ont pas le droit de se déplacer.

Ils conservent leur musique et leurs traditions, en dépit des efforts d'évangélisation des missionnaires. En effet, ceux-ci en petit nombre confient cette tâche aux maîtresses de maisons ou aux esclaves déjà baptisés qui tous les matins avant le départ au champ leur font réciter les prières, chanter les cantiques et l'Exaudiat au Roi. Le même cérémonial se répète le soir après les travaux. Cependant les effets escomptés ne sont pas atteints. Spoliés de leur identité culturelle, ils se raccrochent désespérément à leur culte et donc à leurs chants et danses. Il devient leur unique moyen de résistance, leur unique refuge. Mais ils ne peuvent honorer leurs dieux que deux nuits par semaine, du samedi minuit au dimanche minuit. Aussitôt ils recréent leurs « sociétés ». « Quand les maîtres ne leur permettent pas de danser dans l'habitation, ils feront trois ou quatre lieux après qu'ils aient quitté leur travail de la sucrerie le samedi à minuit pour se trouver dans quelque lieu où ils savent qu'il y a une danse » [6] plus précisément où ils savent qu'il s'y célèbre un culte.

Bien que le côté rituel de ces rassemblements ou « Assemblées » n'ait pu être dévoilé en raison du caractère ésotérique de la religion animiste et des interdits dont elle faisait l'objet, on ne peut en nier l'existence et par relation de cause à effet, celle des sociétés secrètes. Par contre les danses ont fait l'objet de descriptions diverses, car leur caractère cultuel et profane à la fois permettait de les exécuter aussi bien pendant les cultes que sur les places publiques.

Quels sont les grands thèmes de la religion des esclaves ? Ils croient en un grand Dieu fécondateur.

Ce dieu fécondateur est à l'origine de la création de la terre fécondatrice de la nature, de l'homme fécondateur de l'homme, de la mort fécondatrice de la survie. Chacun de ces rites a sa danse de la fécondité. Bien que mimant l'acte sexuel, chacune a ses particularités. Aucun historien ne le comprit. Ils les décrivent toutes les trois, avec des remarques différentes, mais les appellent toutes *calenda*. La danse de la fécondité de l'homme est décrite par le père Labat, celle de la mort par Moreau de Saint-Méry, et celle de la terre par C. Emmanuel Paul.

Jusqu'à la promulgation du Code Noir, les dieux les plus honorés sont ceux de la mort et de la guerre, d'où les défenses du *calenda* par les missionnaires et les arrêtés du Code Noir. Les esclaves avaient deux raisons d'invoquer le dieu de la mort : la première, c'était le seul moyen pour eux d'échapper à leur état, la seconde, ils croyaient qu'à leur mort ils retournaient dans leur pays natal.

La danse de la fécondité de l'homme :

« Les danseurs sont disposés sur deux lignes, les uns devant les autres, les hommes d'un côté, les femmes de l'autre. Ceux qui sont las de danser et les spectateurs font un cercle autour des danseurs et des tambours. Le plus habile chante une chanson qu'il compose sur le champ, sur tel sujet qu'il juge à propos, dont le refrain, qui est chanté par tous les spectateurs, est accompagné de grands battements de mains. A l'égard des danseurs, ils tiennent les bras à peu près comme ceux qui dansent en tenant des castagnettes. Ils sautent, font des virevoltes, s'approchent à deux ou trois pieds les uns des autres, se reculent en cadence jusqu'à ce que le son du tambour les avertisse de se joindre en se frappant les cuisses les uns contre les autres, c'est-à-dire les hommes contre les femmes. A les voir il semble que ce soient des coups de ventre qu'ils se donnent, quoiqu'il n'y aient cependant que les cuisses qui supportent ces coups. Ils se retirent dans ce moment en piroüettant, pour recommencer le même mouvement avec des gestes tout à fait lascifs, autant de fois que le tambour en donne le signal, ce qu'il fait plusieurs fois de suite. De tems en tems ils s'entre-lassent les bras et font deux ou trois tours en se frappant toujours les cuisses et en se baisant [8]. »

La danse de la fécondité de la mort. A Saint-Domingue les colons l'appellent Chica. Si ce n'était la rigidité du buste, elle ressemble en tous points à la danse de la fécondité de l'homme.

« L'art pour la danseuse, qui tient les extrèmités d'un mouchoir ou les deux cotés de son jupon, consiste principalement à agiter la partie inférieure des reins, en maintenant tout le reste du corps dans une sorte d'immobilité. Veut-on animer le chica, un danseur s'approche de la danseuse, pendant qu'elle s'exerce, et s'élançant d'une manière précipitée, il tombe en mesure presque à la toucher, recule s'élance de nouveau, et semble la conjurer de cèder avec lui au charme qui les maîtrise. Enfin, lorsque le chica parait avec son caractère le plus expressif, il y a dans les gestes et les mouvements des deux danseurs, un accord plus facile à concevoir qu'à dècrire. Il n'est rien de lascif qu'un pareil tableau ne puisse offrir, rien de voluptueux qu'il ne peigne. C'est une espèce de lutte où toutes les ruses de l'amour, et tous ses moyens de triompher sont mis en action : crainte, espoir, dédain, tendresse, caprice, plaisir, refus, délire, fuite, ivresse, anéantissement, tout y a un langage, et les habitants de Paphos auraient divinisé l'inventeur de cette danse [9]. »

Cette remarque faite par l'auteur doit particulièrement retenir notre attention : « L'art pour la danseuse qui tient les extrémités d'un mouchoir ou les deux côtés de son jupon consiste principalement à agiter la partie inférieure des reins, en maintenant tout le reste du corps immobile. » En effet, ces caractéristiques sont les mêmes que celles de la biguine.

La danse de la guerre était la plus secrète, et pour cause, aucun auteur de l'époque ne la décrit. Les historiens parlent de danse sanguinaire, de culte sacrificiel. C'est en effet juste. Ces cérémonies au cours desquelles était dansé le calenda, car le dieu de la mort est aussi celui de la guerre s'achevaient par une danse guerrière, au cours de laquelle le plus faible des lutteurs était mis à mort.

Est-ce un effet du hasard ? cette danse connue sous le nom de *laguía* à la Martinique et de *lewoz* à la Guadeloupe est avec la biguine les deux danses d'origine africaine qui aient perduré.

D'où viendrait le nom de laguía ? Faut-il y avoir la traduction créole de « la guerre » : « laguèa », devenu quand les esclaves le prononçaient avec toute l'agressivité dont ils le chargeaient, « laguía » ? Toujours est-il que le laguía est une danse belliqueuse. Il mime une lutte et se termine par la mort du plus faible ou du moins habile des deux adversaires, celle-ci ordonnée par les rythmes du tambour. Cette danse était l'affaire des initiés, elle préludait à toutes révoltes ou affrontements graves. Les esclaves l'appelaient aussi « danse à l'an mô ». Seuls ses rythmes la signalaient aux non-initiés.

Alfred Métraux inclut la danse de la guerre dans le « rite pétro ». Toutefois il précise que dans certaines communautés le terme de pétro est « rangé sous l'épithète de lamba » [10].

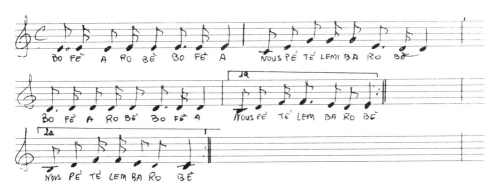

Transcription par l'auteur

Traduction :
« Embrasse ton épée Robert,
Nous avons vaincu le lemba (dieu de la guerre) de Robert. »

21

Nous pensons que c'était aussi le nom que lui donnaient les esclaves de la Martinique, après le rapprochement suivant : Après la dernière guerre mondiale, la Martinique fut gouvernée par l'Amiral Robert. La sévérité avec laquelle il gouverna le fit détester de la population. Lorsqu'il quitta l'île, elle lui dédia une chanson vengeresse perdurant en cela les traditions cultuelles africaines : « Bo FÈ A » : « Embrasse l'épée ».

Le laguía est aussi connu sous le nom de « damier ». Ce mot viendrait du jeu de dames, il serait le signifiant symbolique de la lutte du Noir contre le Blanc, de l'esclave contre le colon.

Les Assemblées. Les assemblées sont donc les conservatoires de la musique africaine.

Au cours de ces réunions nocturnes, les Noirs chantent et dansent en honorant leurs dieux.

Que nous dit le père de Chardin à propos de la religion africaine ? « Les noirs croient à un Dieu unique et suprême... ce Dieu, père de la plupart des dieux et génies du Panthéon noir, vit dans un repos éternel... Il n'est l'objet d'aucun culte. (Ils)... préfèrent s'adresser aux dieux inférieurs... Dans le culte proprement dit la prière... tient peu de place. Le fond de toute cérémonie c'est le sacrifice ou offrande, la danse sacrée vient ensuite [7]. » Que nous dit le père Labat ? « La danse est leur passion favorite ; je ne crois pas qu'il y ait un peuple au monde qui y soit plus attaché qu'eux. ... Celle qui leur plaît davantage et qui leur est plus ordinaire est le calenda, elle vient de la côte de Guinée et suivant toutes les apparences du royaume d'Arda... Comme les postures et les mouvements sont des plus déshonnêtes, les Maîtres qui vivent d'une manière réglée, la leur défendent et tiennent la main afin qu'ils ne la dansent point. Ce qui n'est pas une petite affaire : car elle est tellement de leur goût, que les enfants qui n'ont presque pas la force de se soutenir, tâchent d'imiter leurs pères et mères quand ils les voyent danser, et passeraient des jours entiers à cet exercice [6]. »

Cette danse qualifiée par l'Église de déshonnête, érotique, est en fait une des trois danses de la fécondité de la religion animiste, celle de la mort. Elle se caractérise par l'immobilité du buste du danseur, qui symbolise la frigidité de la mort, et par la mobilité de la partie inférieure du corps, qui mime l'acte sexuel. Car le dieu de la mort est en même temps le dieu fécondateur de la survie.

Pour combattre les Assemblées et amener les Noirs à la religion catholique, les administrateurs les défendent et punissent d'amendes et de confiscations de biens les colons qui les permettent et qui s'opposent à ce que leurs esclaves suivent la messe du dimanche. Cette journée chômée leur est laissée libre. En compensation, une fois leurs devoirs religieux accomplis, les esclaves peuvent après les Vêpres jusqu'à minuit danser sur les places publiques ou les savanes des plantations réservées à cet effet. Ces danses prennent le nom de bamboulas.

Les danses des dimanches après-midi ou bamboulas. Pourquoi le nom de bamboula ? Les historiens disent que les esclaves ont donné le nom du tambour avec lequel ils rythmaient les danses, c'est-à-dire un tambour fait à partir d'un ou plusieurs nœuds de bambou. Cette version pourrait aussi être retenue, quand on sait qu'ils désignaient par le même nom leurs danses et l'instrument principal qui les accompagnait. Francis Bébey lors d'un entretien, pense qu'une autre raison pourrait être retenue, dans le cas où la communauté bantou serait prédominante à une époque sur plusieurs plantations. Je le cite : « Chez les bantous, le préfixe ''ba'' a valeur de collectivité, de communauté, voire de tribu ou groupe ethnique. Il se pourrait que bamboula provienne de la tribu d'un Ancêtre du nom de Boula. Ses descendants s'étant retrouvés en esclavage se réunissaient pour exécuter des danses que ne connaissaient les esclaves des autres groupes ethniques. Ces derniers appelaient les danseurs du nom de leur tribu « baboula » qui peu à peu se serait assimilé au nom de la danse et au nom de l'instrument. » Une autre version peut être encore retenue : « dans la langue banyou parlée au Sénégal et en Guinée Bissao, le mot bamboula signifie tambour « [11], en vertu de la tradition énoncée plus haut, il se pourrait aussi que le tambour ait donné le nom à ces après-midi de danses. Il nous est difficile de trancher, car au cours de ces après-midi, les danses étaient aussi bien accompagnées de tambours à une peau que de tambours en bambou.

Revenons à nos bamboulas. Toutes les danses non érotiques y étaient permises. « Il ne se passe guère de Feste & de Dimanches, que plusieurs Nègres d'une même terre, ou de celles qui leur sôt voisines, ne s'assemblent pour se recréer ; & pour lors ils dansent à la mode de leur pays, tantost à la cadence de leurs chansons, qui forment un chant très désagréable, & tantost au son d'un tambourin, qui n'est autre chose qu'un troc d'arbre creusé, sur lequel l'on a étêdu une peau de loup marin. L'un deux tient cet instrument entre ses jambes & joue dessus avec ses doigts, comme sur un tambour de basque ; puis quand il a joué un couplet de la chanson, ceux qui dansent en chantent un autre, continuant ainsi alternativement tant qu'elle dure. J'en ay veu quelques uns, qui faute de tambour se servoient de deux petites calebasses remplies de petites roches, qu'ils manioient pourtant avec tant d'adresse, qu'ils formoient un son assez agréable. Ils font des postures si contraintes et des contorsions de corps si violentes en dansant, que je me suis souvent étonné, comme ils pouvoient se remuer, après avoir cessé ce pénible exercice : cependant en sortant de là, ils sont si frais, & paroissent si peu fatiguez, qu'on ne diroit pas à les voir, qu'ils ayent dansé. Ils passent en ces récréations non seulement l'après midi entière des Dimanches, mais ils continuent quelquefois leurs divertissements toute la nuit, ne se séparant les uns des autres, pour s'en retourner à leurs habitations, que pour se rendre avec les autres, à l'heure qu'on les meine au travail [12]. »

Décrire et dénombrer toutes les danses relèvent de la gageure, car d'une part elles sont improvisées à partir de pas et de mouvements fixes, d'autre part elles avaient toutes lieu en même temps, aussi les chroniqueurs se sont-ils contentés de nommer celles qu'ils voyaient le plus souvent comme le « guiouba ». C'est la troisième danse de la fécondité, celle dédiée au dieu paysan que les esclaves de Saint-Domingue appellent Zaka. Elle se joue avec deux tambours de tailles différentes, accompagnés d'un chacha (maracas), d'un banza, sorte de guitare à quatre cordes ; le banza et des chœurs de femmes sont en forme responsoriale. Quelquefois l'un des tambours est fait « d'un très gros bambou... La danse, peu variée, consiste en un pas fort simple où l'on tend successivement chaque pied et où on le retire en frappant plusieurs fois précipitamment de la pointe et du talon sur la terre, comme dans l'anglaise. Des évolutions faites sur soi-même ou autour de la danseuse qui tourne aussi et change de place avec le danseur, voilà tout ce qu'on aperçoit, si ce n'est encore le mouvement des bras que le danseur abaisse et relève en ayant les coudes assez près du corps et la main presque fermée ; la femme tient les deux bouts d'un mouchoir et se balance. » [13] Cette description correspond aux débuts de la danse qui, au fur et à mesure que le temps passe, s'anime et s'achève par le mime de l'acte sexuel, d'où le nom de calendas que lui donnent les religieux. D'ailleurs l'auteur ajoute : « Les nègres s'y enivrent d'un tel plaisir, qu'il faut toujours les contraindre à finir cette espèce de bals nommés Kalendas. »

Pour contrôler les bamboulas, les administrateurs faisaient se regrouper les esclaves par nations. Était punie de fouet et si récidive, de mort, celle qui dansait une danse de la fécondité. Ainsi ils remarquaient que les nègres congos dansent « en rond sans bouger d'une place, ils ne font autre chose que lever les pieds en l'air, et en frapper la terre avec une espèce de cadence, en tenant le corps à demi courbé les uns devant les autres, marmotant quelque histoire qu'un de la compagnie raconte, à laquelle les danseurs répondent par un refrain pendant que les spectateurs battent des mains... Les Nègres Mines dansent en tournant en rond, le visage hors du cercle, qu'ils décrivent. Ceux du Cap Verd et de Gambie ont encore des danses particulières... » [8].

Nous communiquons la description d'une autre danse la mosso bara, recueillie sur la pochette d'un disque de la collection du Musée de l'homme. Elle décrit en tous points une danse au tambour exécutée encore de nos jours dans les campagnes sous le nom de loiso ou l'oiseau. Est-ce parce que certains mouvements rappellent un oiseau qui vole ? « La musique est exécutée par trois tambours... et accompagnée par le chœur des femmes qui chantent en alterné, en frappant des mains. Le plus petit tambour fournit un ostinato chronométrique (la même formule répétée avec constance) régulièrement invariable, le deuxième fait entendre une formule complémentaire susceptible de quelques variantes, le plus grand joue les forgures rythmiques propres à cette danse. On pourrait croire qu'il mène la danseuse, il n'en est rien : c'est elle qui choisit ses propres pas, lui ne faisant que la suivre ou plutôt l'accompagner. Il est celui qui regarde les pieds.

Cette danse requiert une parfaite entente entre danseuse et tambour.

La danseuse se tient tout près des tambours, dansant d'un pied sur l'autre, virevoltant s'écartant un peu, revenant près des instruments. Le moment venu écartant les bras comme un oiseau ses ailes, elle s'élance et parcourt toute la place de danse, lorsqu'elle passe devant les tambours leur tournant le dos, elle saute haut en l'air, et continue sa course sans s'interrompre, mais c'est auprès d'eux qu'elle viendra la finir [14]. »

Les chants. Nous avons dit qu'au tout début de la colonisation, les esclaves n'ont ni la possibilité de se réunir dans leur quartier pour chanter en semaine, puisqu'ils n'ont droit qu'à 4 heures de sommeil, ni le droit de chanter collectivement en travaillant selon leurs traditions. Les colons obsédés par la rentabilité de leurs plantations craignent un relâchement des efforts et une baisse de rendement dans la production. Aussi l'esclave pour survivre fredonne-t-il discrètement en travaillant.

> « Je ne sais pas si les chansons qu'ils marmonnent en travaillant procèdent de la gaieté de leur tempérament, ou s'ils les disent pour charmer leurs fatigues, mais ils paraissent d'une humeur assez enjouée et chantent ordinairement en son particulier quand ils travaillent, une chanson dans laquelle tout ce que leurs maîtres ou leurs commandeurs leur font de bien ou de mal », écrit le Père Du Tertre [12].

Le développement de la culture cannière conduit les colons à changer de méthode de travail : ils passent au travail collectif et aux travaux en atelier. Avec le système des « ateliers » c'est-à-dire le travail en équipe, pour un meilleur rendement des travaux, il faut coordonner les mouvements des esclaves, rentabilité faisant force de loi, les chants collectifs sont sollicités, voire encouragés, mais ils ne sont pas toujours accompagnés des tambours.

Quoi dire au sujet des textes ? Une fois de plus l'oralité de la musique populaire ne nous permet aucune investigation. Il est vraisemblable qu'esclaves créoles et africains se côtoyant, les chants de métier africains s'entremêlaient aux chants créoles puisque leur fonction est multiple : coordonner les mouvements, créer la bonne humeur, relater et commenter les événements quotidiens. Nous savons par le Père Du Tertre qu'ils sont pour le moins satiriques :

> « comme ils sont grands railleurs, ils relèvent les moindres défauts de nos Français, et ils ne sauroient leur voir faire rien de répréhensible, qu'ils ne fassent entre eux le sujet de leur divertissement et de leur entretien » [12].

Après la promulgation du code noir, les conditions de travail s'améliorent, les travaux s'arrêtent à la tombée de la nuit, sauf pendant la récolte de la canne à sucre. Les esclaves peuvent alors, en toute impunité se réunir le soir et deviser. Les traditions africaines resurgissent. Quand les plantations n'étaient pas trop éloignées, plusieurs esclaves se réunissaient sur une même. Chaque famille s'amenait en chantant. Car tout se chantait du premier au dernier salut. Voici un chant tel qu'on l'entend encore dans les campagnes :

Transcription par l'auteur

O Baï lan main dis bonsoir
Dis bonsoir la sonora (senora)
O Baï lan main dis bonsoir
Dis bonsoir nous ka pati

Oh donnez-moi la main je dis bonsoir
Je dis bonsoir à la dame
Oh donnez-moi la main je dis bonsoir
Je dis bonsoir nous partons

II

O Baï lan main dis bonsoir
Dis bonsoir messieurs et dames
O Baï lan main dis bonsoir
Bien bonsoir les fanatiques
Oh Baï lan main dis bonsoir
Bien bonsoir nous ka alléa

Oh donnez-moi la main je dis bonsoir
Je dis bonsoir messieurs et dames

Bien bonsoir les fanatiques

Bien bonsoir nous partons

III

O Baï lan main dis bonsoir
Amédé moin dire bonsoir
O Baï lan main dis bonsoir
Aïe Roger moin dire bonsoir
O Baï lan main dis bonsoir
Aïe Patrick moin dire bonsoir
etc.

Amédé je vous dis bonsoir

Roger je vous dis bonsoir

Aïe Patrick je vous dis bonsoir

Il faut souligner que les religieux et les colons respectueux des lois, dans le souci d'empêcher les calendas, n'autorisaient pas ces veillées. En effet, il arrivait aux esclaves de se rendre à la veillée mortuaire d'un des leurs, au cours de laquelle le calenda était dansé. N'était-il pas la danse de la mort ? Comment leur demander de s'abstenir d'aider leur ami dans les premières heures de sa nouvelle vie ? Même baptisés le respect des traditions était plus fort, et la crainte des Anciens aussi vive. Ils dansaient avec la même conviction, ce qui fait écrire au P. Labat : « Ils joignent l'Arche à Dogon. »

LA MUSIQUE DES CITADINS

Les esclaves citadins constituent un groupe social assez particulier. Ils ont apparemment une vie de libre. Les uns sont employés comme domestiques, débardeurs, marins, les autres sont pacotilleurs. Tous travaillent le jour et se retrouvent le soir dans les cabarets, devant les entrepôts, sur les quais, dans leurs quartiers ou sur les places publiques dont la célèbre place Bertin à Saint-Pierre et la rue des Normands à Basse-Terre. Les soirées se partagent entre le jeu, les rixes, les chants et les danses. Ces chants et danses sont sensiblement différents de ceux des plantations, car les bossales, c'est-à-dire les esclaves africains récemment arrivés, sont en petit nombre. Le contact avec les musiques étrangères, européennes et américaines, est permanent : les domestiques écoutent la musique de leur maîtres et la reproduisent : les arrimeurs et marins jouent celle de leurs coreligionnaires. Ajoutons, à cela la musique des militaires dont le quartier général est Saint-Pierre.

Toutes les musiques avaient droit de cité, à l'exception bien sûr des calendas : la tarentelle, la gigue, le bransle, la saltarelle, ainsi que toutes les danses « nationales » africaines.

Entrepôts, cabarets, places publiques, cours des esclaves, étaient de véritables ateliers de musique. Les rythmes et les airs se métamorphosaient. La musique créole naissait. Mais le grand essor ne se fera qu'avec la prospérité économique de la Martinique, à Saint-Pierre, trente ans plus tard.

On peut dire que Saint-Pierre a été le point de rencontre de toutes les musiques du monde ; elle fut à la Martinique ce que New Orléans fut à la Louisiane.

Les bamboulas. Elles sont les mêmes que celles des esclaves des plantations. Toutefois, les danses sont plus nombreuses. En effet, les esclaves étant catéchisés, par les missionnaires mêmes, ceux-ci les font danser les danses françaises. Les menuets, les gavottes, ne se prêtant pas aux danses en plein air, la contredanse trouve un terrain de choix, ainsi que les bourrées, passe-pieds et autres danses rondes. Contredanses que nous retrouverons plus tard sous le nom de belairs. Les marins étrangers et les engagés se joignaient aux esclaves, car les danses des dimanches après-midi étaient aussi en usage en France. Danses africaines et européennes se côtoyaient. Les espaces géographiques n'ayant pas de frontières, les danses serves s'européanisaient ou se christianisaient et *vice versa*.

PARTICULARITÉS DES CHANTS

Bien que les rythmes et les chants soient indissociables, nous étudierons chacun de ces éléments séparément.

Les chants. Il faut distinguer le chant individuel du chant collectif. Le dernier de forme responsoriale, c'est-à-dire, chanté alternativement par un soliste et un chœur, est généralement dansable, accompagné d'un ou deux tambours, auxquels se superposent un chacha[1] des ti bois ou claves, le tout scandé de frappements de mains. Tous sont homophoniques, monosyllabiques, presque toujours improvisés, car ils relatent les événe-

---

1. Maracas.

ments quotidiens. Dans son récit le chanteur exprime ses états d'âme, ses impressions, il manie avec bonheur l'humour et l'ironie. Tout peut être le sujet d'un chant, aussi bien le temps qu'il fait que la rencontre d'un ami.

Chaque chant dansable correspond à un rythme. Pour faire connaître le rythme choisi, le soliste débute le chant par ce qu'on appelle le « mimlan », c'est-à-dire la formule mélodique et rythmique qui précède tout chant collectif. Le mimlan mot d'origine dahoméenne, est en même temps le refrain que les choristes reprendront.

Les rythmes. Ils semblent infinis. Dans une certaine mesure c'est vrai. Pour être plus exact il faudrait parler de polyrythmie. En effet, chacune des percussions qui accompagne les danses ou chants, a un rythme différent. Mais tous se superposent à une formule rythmique fixe qui joue en ostinato. Elle a le rôle de coordinateur, elle sert de base aux autres percussionnistes qui improvisent pendant toute la durée du morceau, sauf dans le cas bien précis où le danseur impose ses pas et figures, comme pour la danse de « l'oiseau » décrite plus haut.

Cependant quand on écoute avec attention la musique au tambour, on se rend compte que ce sont les mêmes formules rythmiques qui reviennent avec des nuances, des timbres différents.

LES INSTRUMENTS

Tous les instruments sont d'origine divine, et ont une fonction précise. Aux colonies, l'instrument principal est le tambour. Il insuffle la force, le courage, invoque les dieux, éloigne les mauvais esprits, etc. Ses timbres et ses rythmes ont eux aussi des fonctions précises, et nul initié ne peut rester insensible. Ils confèrent au musicien un pouvoir surnaturel : il échappe au quotidien et entre dans le royaume des sons et des génies.

Chaque divinité a son instrument. Un même dieu peut en posséder plusieurs. Ils ont alors des tailles différentes. Chacun a un rôle précis : le tambour principal symbolise la voix du dieu, les autres percussions sont ses serviteurs.

Investis de pouvoirs surnaturels, ils sont fabriqués à partir de bois sacrés comme le « mapou », et leurs fabrications obéissent à des rites tenus secrets.

Tous les dieux ne choisissent pas comme intermédiaires des tambours, certains préfèrent les chachas, les triangles, d'autres, les cloches, les trompes et les sifflets. Ainsi la danse de la fécondité de l'homme se joue avec deux tambours à une peau, d'inégale grosseur. Le plus petit, le boula, fait entendre les rythmes de base, le plus grand, le marqueur superpose les rythmes improvisés. La danse du dieu paysan se joue avec trois tambours dont un, fait avec du bambou.

Il faut préciser que la peau des tambours était faite soit avec la peau des loups marins, mammifères marins qui ont disparu de nos jours, soit avec la peau de chèvre. Leurs serviteurs, les *ti bois*, sont deux baguettes de bois qui servent à frapper la partie arrière du tambour.

Le banza est une sorte de pandore. Sa caisse de résonance est une demi-calebasse recouverte d'une peau, de laquelle part un manche. Quatre cordes faites soit de boyaux de mouton ou d'oiseau séchés, enduits d'huile de palme, soit de fibres végétales, (lianes de pitte) posées sur un chevalet, complètent l'instrument.

Le nombre des tambours pour chacune des danses de la fécondité n'est pas un hasard, il est symbolique, il représente le couple. L'un figure l'homme, l'autre la femme. « Leurs sons simultanés font naitre un homme nouveau destiné à remplacer celui qui vient de mourir. Les deux tambours battus à la main, symbolisent, à l'heure de la mort, la permanence de l'homme qui renait toujours, même si nos yeux voient son corps s'évanouir [15]. »

LES TIMBRES

Ils sont très variés, et dépendent de la dimension de l'instrument et de la qualité de son matériau, de sa position quand on en joue et de la façon de le frapper. Ce sont autant de modes ajoutés aux rythmes. Tous deux traduisent, expriment les états d'âme de la communauté et des dieux. Ils disent l'indicible et créent cette magie sonore générant chez certains l'ivresse, l'euphorie, l'extase, l'envoûtement ou la possession.

LES DANSES

L'ordonnance des pas n'est pas fixe, une très large part est laissée à l'improvisation. Dans le cas où le danseur improvise le tambourier fixe les pieds de celui-ci et harmonise ses rythmes. Dans le cas contraire le tambourier indique les changements de pas par des rythmes précis que tout danseur doit connaître.

LA MUSIQUE DANS L'ACTION MISSIONNAIRE

L'Église participe de droit à la découverte du Nouveau Monde comme elle l'a fait en Afrique au nom de sa doctrine : « aucun peuple quel qu'il soit, n'est voué fatalement à la barbarie... C'est à la foi du Christ catholique qu'il appartient de tirer les peuples barbares de leur abaissement » [16].

Cependant les exigences de sa mission ne doivent pas nous cacher ses motivations essentielles : les richesses de ce Nouveau Monde. L'action missionnaire ne prend son vrai sens qu'avec l'arrivée des esclaves africains, car les farouches Caraïbes refusent les enseignements de l'Église.

C'est aux Dominicains et aux Jésuites que revient la tâche de convertir les esclaves. Ils s'étaient déjà rendus célèbres par leur méthode d'évangélisation auprès des Indiens du Brésil, du Mexique et du Pérou. Ils tinrent compte des expériences de leurs prédécesseurs, et s'efforcèrent de les faire admettre aux administrateurs et colons. Écoutons le Père Acosta : « Leur refuser totalement leurs amusements qui sont l'unique allégement de leur captivité, c'est vouloir qu'ils soient désespérés, mélancoliques, c'est abréger leur vie. Que les maîtres ne s'opposent pas à ce qu'ils élisent leurs rois, à ce qu'ils chantent et dansent honnêtement pendant quelques heures à certains jours de l'année et à ce qu'ils se divertissent honnêtement l'après-midi après avoir le matin célébré leur fête de Notre-Dame du Rosaire... sans qu'il leur en coûte rien [16]. » A propos des danses il écrit : « Il n'est pas bon d'en priver les Indiens, mais il faut chercher à ce qu'il ne s'y mêle aucune superstition... Il faut simplement travailler à ce que fêtes et réjouissances, dont beaucoup autrefois avaient lieu en l'honneur des idoles, concourent à une plus grande gloire de dieu et des saints [17]. »

Lorsque les esclaves arrivent en grand nombre, les missionnaires les confient aux esclaves déjà baptisés, afin de leur apprendre les prières quotidiennes et les rudiments du catéchisme.

Dans les villes administratives, Saint-Pierre, Fort-Royal à la Martinique, Basse-Terre (Carmel), à la Guadeloupe ils leur consacrent des paroisses ou des messes. « Tous les dimanches et fêtes, le curé fait le catéchisme aux esclaves en patois... ensuite ils chantent une grand'messe et commencent par les Kyrie sans offertoire ni Post Communion, ne sachant pas lire, mais ils chantent bien et avec beaucoup de méthode [18]. »

Une fois de plus, les Jésuites mettront à profit leur esprit d'entreprise et leurs talents de pédagogues. Ils veulent faire vivre leurs paroisses au diapason de Paris et ils y parviennent. Rappelons le succès des messes des esclaves. Dans un premier temps ils mettent l'accent sur les cantiques, parce qu'ils sont mélodieux, descriptifs, narratifs et en langue vulgaire. Ils ne se contentent pas d'un apprentissage uniquement phonétique, ils initient les jeunes, les plus doués, à la lecture, l'écriture, puis au solfège et même à jouer du violon et autres instruments. Ceci allégeait la tâche de tous, permettait un répertoire plus étendu, et surtout facilitait la compréhension des textes. Par relation de cause à effet les esclaves chantaient avec plus de ferveur et d'émotion.

Cette instruction ne rencontrait pas l'approbation des colons qui avaient entre autre chose des difficultés à faire instruire leurs enfants. « Nous ne sommes pas dans nos maisons de l'opinion de plusieurs habitants, qui croyent qu'une bonne maxime pour tenir les Nègres dans le devoir, c'est de les tenir dans une crasse ignorance de toutes choses, excepté ce qui regarde leur travail, nous sommes bien aises que les nostres apprennent à lire et à servir à la messe », répondait alors le Père Du Tertre. Cette action et les enseignements de l'égalité des hommes devant Dieu étaient aussi réprouvés par les colons et les gouverneurs. Ils prétextaient que les nègres instruits de cette sorte étaient sujets à la révolte et que l'importance que leur accordait les missionnaires était nocive et portait atteinte à leur rang.

En effet, pour sensibiliser les esclaves et obtenir leur complicité, les missionnaires accordaient une place toute particulière à certaines fêtes religieuses telles la fête de l'Épiphanie, aux cérémonies de la Semaine sainte et à la Fête Dieu. La procession de celle-ci « se déroulait avec magnificence, surtout dans les villes. Toutes les autorités y avaient place, la milice était sous les armes, toute la population y prenait part... Pendant la Semaine sainte c'était encore le Saint Sacrement qui faisait l'objet principal de la dévotion populaire. On dressait un reposoir magnifique, tapissé de fleurs et de dentelles, illuminé par une multitude de cierges, on y transportait le Saint Sacrement en pleine pompe et les soldats montaient la garde nuit et jour à ses pieds » [19].

Quant à l'Épiphanie, les Jésuites la déclarent « fête des Nègres vu même que l'on représente ordinairement dans les tableaux de ce mystère un des trois rois de la couleur de nos Nègres » [4].

A cette occasion, leurs messes revêtaient, à Saint-Pierre, des solennités particulières. Les choristes avaient un rôle de tout premier plan. Présidées par le gouverneur elles étaient suivies d'une procession où se trouvaient réunis « mille négresses et... autant de nègres... chantant seuls leur catéchisme, en vers, les prières ordinaires, les litanies de Notre-Dame, des Noëls et plusieurs autres cantiques... » [4].

Le souci de modernité des Jésuites et la solennité de leurs cérémonies les faisaient remarquer sous toutes les latitudes. Quelles que soient leurs paroisses. Pour y parvenir, ils se déplaçaient avec leurs bibliothèques et instruments de musique, et se faisaient envoyer les dernières brochures scientifiques, économiques, littéraires et bien sûr, les dernières messes et cantiques.

Toutefois la plus grande sévérité était observée à propos des calendas. Il ne sera plus question, comme cela s'était fait dans les colonies espagnoles, de faire les religieuses danser le calenda pendant la messe de minuit dans le chœur des églises. Ils surveilleront personnellement les danses du dimanche de leurs esclaves. Le père Labat préférera engager un violoniste pour faire danser les danses françaises et délaisser les danses africaines.

Quant aux esclaves, ils n'opposeront aucune réticence à ajouter à leur Panthéon le dieu des catholiques. Ils prient et honorent Jésus avec sincérité, puisque leur disent les missionnaires, il protège et défend les opprimés.

31

Chapitre 2

L'âge d'or de la colonisation
1714-1789

DONNÉES HISTORIQUES

Depuis 1692, Saint-Pierre n'est plus la ville administrative de la Martinique, Fort-Royal lui a ravi ce titre, mais il n'a pu lui ravir, ceux de premier port commercial et négrier, de premier centre culturel des îles du Vent.

L'économie est prospère, et le XVIIIᵉ siècle peut être surnommé : « l'âge d'or de la colonisation ». Voltaire écrit en 1753 : « La petite île de la Martinique et de la Guadeloupe... sont des points sur la carte des événements qui se perdent dans l'histoire de l'univers... ces pays qu'on peut à peine apercevoir sur une mappemonde, produisirent en France une circulation annuelle d'environ soixante millions de marchandises [1]. »

En effet, « grâce à ces atomes géographiques, la France réussira à s'emparer du monopole des sucres, à vaincre les Hollandais et les Anglais, non seulement sur le marché des Antilles, mais par toute l'Europe » [2]. Le sucre fait donc la richesse de tous et par relation de cause à effet, les colonies sont fort convoitées principalement des Anglais qui les surnommaient, « îles à sucre ». Ils les attaquent, les assiègent et les occupent périodiquement.

Cependant les événements politiques qui perturbent les îles ne viennent pas uniquement des Anglais. Les idées philanthropiques, philosophiques, sociales, visant à l'égalité des droits de tous les hommes, qui circulent en Europe, rendent les disparités sociales, civiques et raciales, insupportables, aux esclaves et aux gens de couleur qui ont été privés de leurs anciens droits. C'est le début d'une longue lutte, ouverte ou silencieuse, qui influencera la politique culturelle du gouvernement et la vie musicale.

LA SOCIÉTÉ

La société se structure. Socialement elle se compose de quatre classes : les esclaves, puis les affranchis et les libres, les gens de couleur et artisans, enfin les administrateurs, religieux et colons, mais politiquement elle n'en a que deux : les esclaves, affranchis, libres, gens de couleur, et, les artisans, colons, administrateurs et religieux, car les droits civiques et politiques ont été retirés aux gens de couleur.

MUSIQUES ET POUVOIRS

Le gouvernement met en place une politique culturelle dans laquelle la musique joue un grand rôle. Elle aura trois fonctions : celle de prouver, s'il en était besoin, la présence et la puissance de la France, à tous : Anglais, colons, gens de couleur et esclaves, de faire rayonner dans ce monde d'Amérique la culture française, car il exporte son théâtre, enfin de maintenir l'ordre social. En un mot par la musique l'État gouverne et assigne à chacun sa place : Il rappelle aux Anglais sa détermination à garder ses îles, il conforte la supériorité des colons en favorisant leurs initiatives dans le domaine musical, il adoucit le régime des gens de couleur qui reconnaissent la supériorité de sa musique, il euphorise l'ethnie noire en lui ouvrant les portes de son théâtre et en promouvant ses bamboulas. Chaque pouvoir : politique, militaire, religieux, a son répertoire, le plus complexe revenant au pouvoir politique qui, avec un doigté certain, usera de la musique savante, lyrique, créole et africaine pour maintenir la paix et faire respecter la hiérarchie sociale.

LA MUSIQUE MILITAIRE

Elle se compose de la musique militaire proprement dite : marches, sonneries, manœuvres, etc., et de la musique savante : symphonies, divertissements, Te Deum, etc. Les musiciens militaires ont donc la charge de faire connaître la musique française. Ce rôle sera dévolu aux musiciens de la marine nationale, de la marine de guerre et de celle du commerce.

« En effet, à bord de chaque bateau de la marine nationale se trouvait un maître de danse qui enseignait aux matelots tous les pas classiques : pas français, glissades... L'on dansait dans la marine de guerre sous la direction de maîtres spécialisés, et dans la marine de commerce sous la férule d'un ancien, ayant lui-même appris sur les vaisseaux de l'État et dans les bouges des escales... A côté des maîtres d'armes réglementaires qui enseignaient l'escrime au fleuret, à l'épée, à la baïonnette, au baton... il existait (souvent les mêmes) des maîtres de danse... Une notion dont il n'est jamais fait état par les historiens de la danse populaire c'est l'action bénéfique et conservatrice que ces militaires instruits et diplomés au titre de la danse, pendant les années passées sous les armes, le service militaire obligatoire durait sept ans à cette époque, ont exercé dans leurs villages une fois rentrés dans leurs foyers [3]. »

Nos îles vivent sur le pied de guerre (les intérêts européens se jouent sur la mer des Caraïbes) les attaques anglaises et la guerre d'Indépendance d'Amérique, amènent de nombreux bateaux de guerre et des régiments entiers qui séjournent dans les deux îles. Leurs amiraux, généraux : Villeneuve, Rochambeau, d'Estaing, de Beauharnais, sont reçus dans les hôtels des gouverneurs car malgré les préoccupations militaires, les dîners et bals officiels sont nombreux.

Tous les jours, les différentes sonneries de trompettes s'élèvent des forts, fortins et corvettes en rade. Les musiciens répètent les œuvres qu'ils interpréteront pendant les messes solennelles, les dîners et bals officiels qui suivront, ainsi que sur les places publiques. Les militaires chantent « Joli Tambour », « Fanfan la Tulipe », « C'est l'vent frivolant », etc., passent en revue sur « l'Aunis et la Saintonge », « Les Canonniers de la Rochelle », etc. Les chants guerriers traversent aussi les océans comme « La Marche du Catinat », qui devint le célèbre « C'est la Mère Michel », etc. Ceux qui revenaient le plus souvent étaient ceux contre les Anglais et ils étaient nombreux. Nous ne citons que le plus connu :

« Dérouillons, dérouillons la Ramée,
« Dérouillons, dérouillons les Anglais [4]. »

D'autres voyaient le jour :

Si le roi qui est à Versailles
Voulait écouter ma chanson
Ma liron, Ma lirette,
Voulait écouter ma chanson

II

Je lui conterais la bataille
La bataille de Tartanson[1]

III

Je lui parlerais de la gloire
La gloire et les noms des colons

IV

Colons qui sans manger ni boire
Et sans général étaient là

V

Sans général ? Le roi va dire
Où était donc mon Beauharnais ?

VI

Alors au roi je dirais : Sire
Votre Beauharnais était là.

---

1. Fort situé à proximité de Fort-de-France.

VII

Intrépide comme une ouaille !
Mais pas un ordre il ne donna.

VIII

Nous avons gagné la bataille
Presque sans poudre ni canon

IX

Il en aura toute la gloire
Et chef d'Escadron on le fera.

X

C'est ainsi que l'abeille enfante
Le miel qu'un autre mangera [5].

Une autre chanson circula dans toutes les Antilles, elle dénonce l'indélicatesse du général Rodney, qui, « après sa prise de Saint-Eustache en février 1782, la pille, et ramène en Angleterre son butin. Celui-ci est intercepté par le Français Lamote Piquet » :

Grande est la dernière victoire
Du fameux amiral Rodney
L'univers en est étonné
Saint-Eustache comble sa gloire.
Voyez quel bonheur est le sien
Il a tout pris et ne tient rien.

II

Il était entré sans obstacle
Dans un fameux port hollandais
Que chacun croyait être en paix
Quel trait de valeur ! Quel miracle !
Voyez quel bonheur est le sien
. . . .

III

Pour montrer qu'en faisant la guerre
L'Anglais agissait galamment
Il avait généreusement
Tout embarqué pour l'Angleterre

IV

Tout le butin de Saint-Eustache
Que croyaient tenir les Anglais
Repris par un brave Français
Leur a passé sous la moustache
Picquet l'a pris, Picquet le tient
Et ce qu'il tient, il le tient bien [5].

LA MUSIQUE RELIGIEUSE

Elle est de toutes les victoires et fêtes officielles. « Les Te Deum succèdent aux Te Deum pour les victoires, les naissances du Dauphin ou
celles des princesses ses sœurs, la fin de la peste de Marseille, et bien
d'autres circonstances [6]. » Mais la vraie vie musicale, elle est dans les
églises des jésuites, c'est-à-dire dans les paroisses des esclaves, qui chantent les messes les plus célèbres de Paris[2].

LA MUSIQUE DU POUVOIR POLITIQUE

Elle est sous le contrôle du Ministre des colonies. Il attachait un
grand soin aux cérémonies officielles et veillait à ce qu'elles soient aussi
grandioses que celles de la capitale. Jugez-en : Lors des fêtes données à
l'occasion de la naissance du dauphin, le roi fit reprendre l'exploit scien-
tifique le plus spectaculaire du siècle : le lancer de ballon de MM. de
Montgolfier. Ainsi les Français d'Amérique vivent à quelques mois de
distance les mêmes événements que les Français de Métropole ;

« Le 13 juillet 1785, à 10 h du soir, par une nuit claire, les promeneurs attardés sur le Cour Nolivos virent dans le ciel au large, au-dessus
d'une frégate arrivée la veille dans le port, un ballon illuminé de lanternes vénitiennes qui descendait des airs. On court, on s'informe. On
apprend que cet aérostat — le premier qui ait été vu à la Guadeloupe —
arrive de France et apporte de la cour une importante nouvelle. La foule
grossit et se porte à l'hôtel du Gouverneur. On y trouve un cortège
d'honneur déjà formé et prêt à se diriger vers le bord de mer. Le commandant de la frégate royale vient d'avertir Monseigneur le Gouverneur
de l'événement inouï qui se passe. Aux sons des tambours, des fifres de la
musique, la petite escorte s'ébranle. En tête de marche le peloton d'honneur fourni par l'équipage de la frégate. Le Gouverneur avec M. de Foul-
quier, son intendant, l'État-Major, les notables, encadrés par la milice
urbaine en grand uniforme, la foule poussant des vivats, arrivent bientôt
au débarcadère. La frégate, en mer, paraît, pavoisée et étincelante de
mille feux. Les chaloupes abordent et déposent à terre une troupe
d'hommes et de femmes vêtues d'habillements bizarres, ornés de galons,
de dentelles et de panaches... Hourrah !... Ce sont les passagers du
ballon... Les nouveaux arrivants entourent le Gouverneur et après les com-
pliments d'usage lui apprennent l'heureuse naissance de son Altesse
Royale Monseigneur le Duc de Normandie, second fils du Roi et Dauphin
de France. Le ballon porte le nom du jeune prince Louis-Charles.
    M. de Clugny donne l'ordre de se transporter en foule à la salle de
spectacle, où il veut recevoir en grand gala les envoyés de sa Majesté. On
crie : Vive le Roi ! Vive la Reine ! Vive le Dauphin ! Vive Normandie ! La
salle de la rue de la Comédie est trop petite pour contenir les curieux qui
se pressent autour du cortège officiel. Enfin, l'ordre se rétablit et la représentation commence. Le lendemain, après une nuit de réjouissances, on
eut le mot de l'énigme. Le Gouverneur, d'accord avec Monsieur de Foul-
quier avait fait confectionner en France la Mongolfière Louis-Charles
apportée par la frégate chargée d'annoncer aux Antilles le baptême du

Duc de Normandie. Les personnages bizarrement vêtus étaient les comédiens de la troupe en représentation dans la Colonie. Quant à la pièce de circonstance jouée en cette occasion nous n'en connaissons ni le titre, ni l'auteur. Nous savons seulement qu'elle était écrite en vers et mêlée d'ariettes musicales [7]. »

Ces fêtes sont aussi l'occasion de bals publics où le premier rôle est donné aux esclaves. C'était de véritables spectacles, aussi attendus que les opéras. Toutes les classes sociales s'y côtoyaient sans toutefois s'entremêler :

« Chaque tribu africaine avait dans des groupes particuliers des représentants de ses danses chéries, les unes vives, pétulantes, voluptueuses, les autres graves et mélancoliques. Les uns sautaient, caracolaient comme des chevaux sauvages... Les autres ressemblaient à une réunion de singes et de bacchantes. Ceux-ci portaient avec fierté des plumes de trois pieds de hauteur, ceux-là resplendissaient de verroterie. Presque toutes les femmes barriolées de rubans, avaient la tête décorée de mouchoirs de madras renversés en arrière, vêtues de longues jupes à carreaux qu'elles tenaient de chaque main avec une gravité comique, en déployant toute leur envergure. On distinguait surtout les mulâtresses à leurs gros bijoux d'or et à une tournure plus coquette et plus raffinée... On distingue les diverses tribus africaines : *Les moccos, les caplaous, les mandingues, les congos, les ibos, les aradas, chaque tribu a sa danse favorite : L'Arada* préfère le « Calenda », il s'élance en l'air, retombe sur un pied, saute de nouveau, se plie, s'étend à terre, se relève à l'instant, cabriole, bondit, voltige, court, volé autour de la danseuse, qui, les bras étendus et unissant ses mains par un mouchoir, tient les yeux baissés, laisse échapper par intervalles des sons étouffés, fait mouvoir toutes les parties de son corps, par simple action des muscles et n'abandonne pas une seconde le centre du cercle que décrit son danseur.

Le « Guiouba » est plus expressif encore que le fandango. La « Danse des Caplaous » plus dramatique, figure les ruses, les inquiétudes et les plaisirs dans l'amour, les fureurs de la guerre, et les terreurs de la mort... Les airs de leurs danses sont simples mais expressifs, ils peignent rarement la gaieté, mais la volupté et le sentiment. Quelques notes entremêlées de fréquents soupirs leur suffisent. Ils ne parcourent jamais la gamme toute entière. Ils improvisent avec une extrême facilité l'air et les paroles qui plaisent presque toujours, sans pouvoir supporter l'analyse.

Si le chant est heureux, bientôt répandu parmi eux il y conservent la vogue jusqu'à ce qu'elle soit remplacée par un autre. Le texte est plus habituellement une observation critique. Leur instrument de prédilection est le bamboula, nom sous lequel aussi on désigne communément la danse. C'est un baril couvert d'une peau et qu'un nègre du groupe frappe sans cesse. Quelques négresses avaient en main des cocos creux ou des calebasses remplies de noyaux et elles agitaient bruyamment et en mesure ces cocos fixés à un bâton. Tout cela se faisait en dansant et il n'y avait pas de spectateur à face noire qui ne suivit avec la tête, les mains, les pieds, la musique de cet étrange orchestre. On chantait en chœur : les femmes de la Compagnie qui faisaient la police de leur groupe, l'exerçaient également en chantant et présentaient aux pieds des spectateurs une torche allumée pour maintenir le cercle. Le bal embrassé d'une manière générale offrait une vaste action, infiniment variée, car chaque groupe avait sa physionomie. On distinguait les nègres créoles des nègres africains à leur tenue plus soignée surtout à un certain air magistral qui leur est propre. Contempteurs des nouveaux venus, ils dansaient entre eux avec plus d'art ou du moins de prétentions. Les négresses créoles affichant aussi des airs de grandes dames. Parées de belles jupes, de linge très fin, la plupart portant orgueilleusement les bijoux de leurs maîtresses s'évertuaient à reproduire quelques unes de leurs poses. Elles avaient quelque chose de déluré qui les faisait reconnaître d'abord et distinguer de leurs compagnes ibo ou caplaou qui conservaient encore un caractère de simplicité exotique.

Le chant des nègres nouveaux et des nègres créoles avait un accent particulier, l'un s'exhalait empreint de ce qu'il y a d'instinctif chez l'homme presque brut et de réminiscence d'airs de la patrie lointaine et pour jamais quittée, l'autre, au contraire alliait la pensée au sentiment. La danse, les refrains des nègres créoles, exprimaient quelques critiques amères, ironiques de leur maîtres, les raffinements de la volupté, les délices de la liberté. Mais si vous vouliez quelque chose de plus expressif vous le trouviez dans les groupes formés par les mulâtres, les mulâtresses, les câpres, les nègres matadors. Là vous aviez le superlatif de la toilette : madras, dentelles, colliers, boucles d'oreilles, robes de soie, habits de drap, chapeaux de feutre, montre à chaîne en or. Là tout était encore plus animé et plus dramatique. Les femmes surtout offraient un contraste d'étoffes bigarrées d'ornement et de teintes bruns foncés, couleur orangée, blanche et pâle avec de courts cheveux bien lissés, toutes jambes et pieds nus.

Arrêté devant un de ces groupes j'y restai longtemps comme fixé par un charme surnaturel... Modulations douces ennivrantes du plaisir évocation magique accompagnée de signes et de pas mystiques des verbes bizarres et inexplicables. Les danseuses toujours au son du bamboula ressemblaient à des sorcières inspirées ou à des bayadères entraînées par le délire des passions en proie à tous leurs feux chaleureux... Je tombai malgré moi dans une rêverie dangeureuse pour la raison, lorsque sur un signal la danse devient plus saccadée, plus vive, la parole moqueuse et enragée. Autour des danseurs, il y avait des tables chargées de bonbons et de liqueurs. De jolies mulâtresses, d'élégantes métisses en faisaient les honneurs aux promeneurs sous un ciel pur, cette fraicheur nocturne, des boissons ennivrantes, ces danses pittoresques et voluptueuses, l'éclat des flambeaux odorants, le murmure d'une foule animée tout se mouvait pour émouvoir les sens.

Sur le troisième plan, sous la voûte rameuse des tamarins, les dames créoles à la démarche gracieuse et nonchalante, parées d'une riche toilette assistaient dans l'éloignement à ce vivant spectacle. Peut-être au fond du cœur portaient-elles envie aux plaisirs dont jouissaient les esclaves avec l'emportement propre à leur race et accru encore par le sentiment d'une liberté éphémère au moment de finir... La plupart des danseurs s'étaient rendus des habitations voisines où ils sont attachés aux travaux d'agriculture. Les plus petits garçons les plus petites filles excellent dans cette gymnastique scénique : J'en ai vu qui dansaient déjà comme des satyres ou des laïcs consommés [8]. »

La vie culturelle. Les îles jouissent d'un grand prestige. Elles sont riches, convoitées, défendues par les plus grands hommes de guerre. Les colons veulent se hisser au diapason. Tout comme les Parisiens, ils s'essayent à la rime, chantent les airs de cour à la mode, les romances, font de la musique d'ensemble, fondent leurs sociétés d'Amateurs, font venir des comédiens. Les gouverneurs les encouragent dans leurs entreprises, la France y ajoute le rayonnement de ses arts et plus précisément de son théâtre lyrique.

Le théâtre. Vers 1750 quelques riches commerçants de Saint-Pierre engagent des comédiens français. Leur entreprise bien que lucrative a pour but de créer à l'instar des grandes villes de France une vie théâtrale dans leur cité. Les premiers comédiens sont accueillis avec enthousiasme et les spectacles suivis par toutes les couches de la société, des nobles aux esclaves, avec passion. Malheureusement les programmes des premiers spectacles nous font défaut car les gazettes officielles antérieures à 1789, seuls journaux de l'époque, n'existent plus. Les premiers engagements étant uniquement privés, aucune loi ou ordonnance royale n'en fait état. Le plus ancien document que nous ayons est l'ordonnance du 24 avril 1772 enregistré au Conseil souverain de la Martinique à propos des dettes contractées par les acteurs. En effet, les commerçants pierrotains tout comme ceux de Métropole se plaignent du peu de scrupule des comédiens, des dettes importantes qu'ils manquaient d'honorer, protégés qu'ils étaient par la brièveté de leur séjour. Le Conseil souverain y mettra bon ordre par l'arrêté suivant :

« Pour payer les dettes des acteurs, le trésorier de la société retiendra par quinzaine le tiers de leurs gages et en fera la distribution chez lui... Vu la facilité qu'ont les acteurs de faire des dépenses qui excèdent beaucoup plus que leurs gages, ce qui pourrait entraîner leur insolvabilité et conséquemment leurs désertions [9]. »

Cette ordonnance nous prouve l'intérêt que le Gouvernement apportait à la diffusion de la culture française, puisque les administrateurs, comme ceux de Métropole se devaient de protéger tous ceux qui prenaient une part active au rayonnement culturel français.

Cependant, en dépit de cette protection les premiers essais des commerçants furent de courte durée car soumis aux mêmes règlements que ceux en vigueur en Métropole, ils connurent les mêmes difficultés financières que les directeurs de troupes français, malgré l'assiduité des spectateurs ; difficultés dues à leur nombre restreint proportionné à la petitesse des salles où avaient lieu les spectacles et aux lois propres au théâtre.

En effet, les premiers spectacles se jouaient dans des salles louées à cet effet. Elles n'avaient nullement été conçues pour le théâtre. De plus, aucun arrêté du Code Noir ne prévoyant des amendements à propos des lois sur le théâtre, les commerçants pierrotains devenant à cette occasion des directeurs de théâtre privés, se devaient alors de payer à l'Académie Royale de Musique et de danse, la Comédie française et la Comédie italienne les très lourdes redevances réglementaires lorsqu'ils voulaient faire jouer des opéras, comédies, opéras comiques, car seuls les théâtres précités avaient ce privilège. Aux théâtres privés, dont ceux des boulevards, il ne restait que les vaudevilles, les mimes, pantomimes et autres divertissements de foire. Or, les seigneurs des îles, ainsi se faisaient appeler les colons, puisque c'était eux qui, disaient-ils, faisaient la richesse du royaume, affichaient un mépris certain pour les spectacles des boulevards fort courus de l'aristocratie française, ils donnaient la préférence aux formes savantes, opéras, opéras comiques, ballets, d'où les difficultés financières sérieuses. Car, aux redevances légales, il fallait ajouter les charges régulières d'une troupe — location de salle, cachet des comédiens, frais de voyage, de transport, de décors et costumes, etc. Nos directeurs en l'occurrence les commerçants pierrotains durent mettre un terme à leurs activités. Le Gouverneur de Nozières et l'intendant Tascher décident alors d'accorder une subvention aux commanditaires. Par cet acte, les colonies françaises font partie du circuit régional que les troupes de comédiens de talent, privilégiées par le Roi doivent assurer. C'est ainsi qu'on applaudit aux îles en 1775 la célèbre troupe de M. Chapizeau appréciée et reconnue, tant pour le talent des acteurs que pour la probité de son directeur ; Mlle Chapizeau, plus connue sous le nom de « La Marsan » laissera un souvenir inoubliable ainsi que M. Fleury, comédien pensionné par le roi.

Ce sera alors au lieutenant de police de chaque ville de toucher les redevances dues aux théâtres privilégiés tandis qu'il appartiendra toujours aux commerçants de gérer les finances. Les subventions s'avèrent insuffisantes et, une fois de plus, il faut interrompre la venue des comédiens. Nous sommes en 1780. Les amateurs de théâtre adressent alors aux administrateurs un mémoire dans lequel ils s'expriment en ces termes :

« Les créoles qui s'abartadissaient sensiblement chaque jour y ont puisé, tout-à-coup l'énergie, le goût et l'ardeur de s'instruire... Les habitants de couleur ont perdu leur barbarie... A l'aide du spectacle on verra dans peu d'années les habitants de la Martinique *ne plus différer des Européens que par leur climat* [9]. »

Leur demande est agréée car le gouvernement est conscient des avantages politiques qu'il peut tirer de ce mémoire. En effet, en accédant à une des revendications des colons, ils s'assurent un calme politique, fût-il momentané, en même temps qu'il préserve la population des influences culturelles étrangères. Dès lors, ce ne sont que les troupes agréées par le gouvernement qui viennent aux îles. Le choix des directeurs de troupe est fait avec davantage de soin. Ainsi voit-on arriver à Saint-Pierre, la troupe du célèbre comédien Francisque ou plus précisément la troupe que sa famille continue d'exploiter et dont la renommée n'était plus à faire puisque le comédien Francisque avait obtenu par l'ordonnance royale du 10 août 1721 la permission de représenter les pièces de théâtre à la foire Saint-Laurent à Paris. Depuis, il avait parcouru à la tête de sa troupe bien des provinces de France et son talent n'avait cessé de s'affirmer. Lorsqu'il partit pour l'Angleterre muni d'un sérieux pécule, il céda à sa famille, selon l'usage, ses privilèges. C'est ainsi que nous retrouvons à Saint-Pierre, 60 ans plus tard, la troupe du successeur de M. Francisque, qui, forte de ses succès, ouvrit, dans cette même ville une « Académie de danse ».

Encouragés par leur succès en 1786, les commerçants de Saint-Pierre firent construire « un magnifique théâtre à Saint-Pierre qui surpasse par la grandeur et le goût, les bâtiments en ce genre les plus renommés en Europe [10] ». En cela, ceux de Pointe-à-Pitre les avaient précédés. Les archives de cette ville nous indiquent que deux théâtres furent construits : l'un en 1780 et l'autre en 1882. Ils étaient dédiés aux filles de « Jupiter et de Mnémosyne » et brûlèrent au cours d'incendies à un siècle de distance. Pour Basse-Terre « L'Écho de la Reine » fait état en 1783 lors du lancer de ballon sur le cours Nolivos, d'une salle de spectacle sise rue de la Comédie [7].

Il faut noter que dans les trois villes : Saint-Pierre, Pointe-à-Pitre et Basse-Terre, les rues où se trouvaient les théâtres, portaient le nom de « Comédie », comme en Métropole.

Mais les difficultés financières demeurant, les directeurs de troupes ne recrutent pour les colonies que les acteurs et les musiciens principaux des spectacles retenus, laissant aux amateurs antillais la joie et l'honneur de se joindre aux artistes métropolitains aussi bien sur scène que dans la fosse d'orchestre. A en juger par les chroniqueurs, les comédiens sont fort satisfaits de leurs concours.

« L'un des comédiens du roi au théâtre français, le fameux J.B. Vanhove n'a pas dédaigné de se faire entendre dans le théâtre où se pressait la société martiniquaise, ajoutant qu'il s'en trouva fort bien, ainsi que l'excellente troupe qui l'accompagna [7]. »

En effet, il fallait beaucoup de qualités aux Amateurs pour accompagner souvent au pied levé, les comédies, vaudevilles, opérettes, opéras ou musique de ballet contemporain, même si la technique musicale et les recherches d'interprétation n'avaient pas atteint les sommets que nous leur connaissons aujourd'hui.

Précisons toutefois qu'au XVIIIᵉ siècle, une représentation d'opéra ressemblait bien peu à la nôtre ; d'abord le spectacle se composait de deux parties : dans la première on pouvait applaudir une comédie suivie d'un vaudeville et dans la seconde un opéra ou un opéra comique dans lequel les airs, toujours à couplets fort nombreux, étaient très mélodieux. On y introduisait des dialogues parlés, des prologues et surtout des éléments de couleur locale comme des ballets exotiques. L'instrumentation était fort réduite, 4 à 6 instruments, dont le pianoforte, le violon, le violoncelle, la flûte, la timbale, le hautbois.

Toutefois on pouvait augmenter non pas le nombre des familles mais le nombre d'instruments.

L'engouement de l'époque pour les ballets exotiques en Europe donna l'occasion aux colons pierrotins de rivaliser avec les divertissements (ballets) européens. La Cour de Lisbonne au XVIe siècle applaudissait le « Ballet du Tabac » (ballet indien). Au XVIIIe siècle Louis XV assiste à la représentation de l'opéra-ballet de Rameau, « Les Indes Galantes » dans lequel nous trouvons « L'Entrée des Sauvages » et, à la même époque à Saint-Pierre, les spectateurs applaudissent « Le Divertissement des Sauvages » exécuté par les esclaves de la ville. Ainsi la vanité des colons est comblée et leur temporalité prônée.

La réputation des esclaves n'était pas à faire, même extra muros. Les chicas dansées par les esclaves dans une maison du faubourg Poissonnière à Paris, attiraient un grand nombre de personnes. Les remarques que faisait le gouverneur de Chanvallon en 1760 avaient valeur de présage :

> « Nous voyons sur nos théâtres que les mouvements des danseurs sont presque toujours désunis. Plusieurs qui forment ensemble les mêmes pas ne s'élèvent pas et ne retombent presque jamais tous à la fois. Les uns sont encore en l'air quand le corps des autres est déjà reposé ; c'est une succession de sauts, qui, jointe à l'inégalité de leurs tailles forment une espèce d'échelle aussi désagréable aux yeux qu'à l'oreille. J'ai vu sept à huit cent nègres, accompagnant une noce au bruit d'une chanson ; ils s'élevaient en l'air et retombaient tous en même temps ; ce mouvement était précis et si général que le bruit de leur chute ne formait qu'une seul son [11]. »

A l'approche de la Révolution, le théâtre est bien rodé, il a plus de vingt-cinq ans d'existence et il est à son apogée. Pour vous permettre de vous faire une idée plus précise de son vécu nous cédons la plume au mélomane averti, le Docteur Isert qui lors de son voyage en 1887 fit les remarques suivantes :

> « La Guadeloupe a une compagnie de comédiens et un théâtre à Basse-Terre et à Pointe-à-Pître. Le dernier n'est point proportionné au nombre des spectateurs. La troupe ne donne guère que des opérettes comme la « Fête de la Rosière », la « Mélomanie » « La belle Arsenne », « Zémire et Azor ». Ils ont ajouté à cette dernière un prologue pantomime relatif à l'intrigue de la pièce. Ils donnent d'ordinaire pour conclusion des ballets toujours très spirituels... On n'aime ici que les opéras, les autres pièces sont pour ainsi dire bannies du spectacle. Parmi les acteurs, se distingue M. Fleury (j'entends le comique), Mademoiselle Martin enchante autant par la délicatesse de sa voix qu'elle gagne d'adorateurs par la beauté de sa voix... »

Le Directeur qui ordonne les pièces que l'on doit jouer et a inspection sur le théâtre est décoré du titre de Major de la Place... ».

A propos de la Martinique il écrit :

« Le principal divertissement des français de ces contrées est le spectacle... on donna pendant mon séjour ici uniquement des opéras ou des pièces mêlées de chants. J'assistai à « Orphée Eurydice » qui fut assez bien rendu.

Mais le public me parut beaucoup plus content que je ne l'étais moi-même, car avant que la pièce fut finie, on jeta à Orphée une couronne de Myrrhe, des loges sur le théâtre, à quoi le parterre applaudit extraordinairement [12]. »

Nous l'avons dit plus haut, le manque de journaux de l'époque ne nous permet pas de donner la liste complète des œuvres jouées aux colonies entre 1782 et 1788. Les titres recueillis, lors de nos recherches, nous renseignent toutefois sur les formes jouées. On pouvait applaudir des opérettes, opéras, comédies, vaudevilles, ballets pantomimes, dont certains étaient exécutés par les esclaves mis gracieusement à la disposition des chorégraphes par les colons.

Parmi les opéras joués, nous pouvons citer :
1785   « Tancrède » de Campra
1787   « La Fête de la Rosière »
1787   « La Mélomanie »
       « La Belle Arsène » de Monsigny
       « Zémire et Azor » de Grétry
       « Orphée et Eurydice » de Gluck
1788   « Le Corsaire » de Dalayrac
       « La Chercheuse d'esprit » de Favart
       Parmi les ballets
« L'Héroïne Américaine »
« Divertissements des sauvages » sur une chorégraphie de Gardel.

Notons que toutes ces œuvres sont du XVIII⁰ siècle, ce qui confirme l'intérêt que le gouvernement porte aux colonies. Par exemple, « La Belle Esclave » qui porta aussi le nom de « Émilie », sur une chorégraphie de Gardel, était incluse dans le ballet : « La Fête de Mirza ».

Parallèlement la vie artistique privée se généralise. La musique de salon n'est plus l'apanage des seuls colons.

MUSIQUE ET SOCIÉTÉ

La politique culturelle mise en place par le gouvernement fut un succès. Chaque classe sociale, bien qu'hostile aux autres, met un point d'honneur à suivre le modèle culturel français. Ce phénomène psychologique se voit principalement chez les gens de couleur à qui l'on avait retiré leurs anciens droits.

LA MUSIQUE DES COLONS

La fortune des colons, leur esprit d'indépendance, leur pouvoir de décision dans les affaires politiques et économiques de leurs îles, les grisent et les confortent dans leur comportement de « seigneurs des îles ». Ils entendent vivre au diapason de Paris et suivent scrupuleusement son évolution artistique. « Chacun se pique désormais d'aimer la musique et de donner à ses hôtes le régal d'un concert. (Elle) est devenue un art d'agrément nécessaire à toute éducation distinguée... Elle fait partie du décor et du style de vie. L'art musical devient une de ses activités qui servent à (les) individualiser et qui sont un signe de considération ou de prestige... Fréquentations (du théâtre), soirées musicales à domicile ou activités musicales « d'amateurs », la musique deviendra peu à peu... une exigence sociale et un signe distinctif de la famille bourgeoise [13]. »

Dans les salons on déclame, on chante la comédie, on s'exerce à des airs d'opéras. Gossec, Grétry, Martini, Lulli, etc., sont à l'honneur. Les jeunes filles sont au pianoforte. Saint-Pierre et Basse-Terre ont leur « société d'Amateurs ». Elles se font entendre lors des messes solennelles, des fêtes de charité, et dans les salons du gouverneur pour des réceptions officielles.

Leur répertoire est éclectique : musique lyrique, musique et airs de cour, sonates, sérénades, musique de chambre, de danse, etc. On se dispute Lulli, Rameau, Campra, Couperin, Haydn, Gluck, Mozart, Delayrac et tous ceux tombés aujourd'hui dans l'oubli, car à cette époque, « la musique était un produit saisonnier de consommation immédiate et précaire » [14]. Les Amateurs avaient le souci d'être au goût du jour, le mérite de travailler, seuls, les dernières nouveautés, les pages d'orchestre des opéras qu'ils accompagnaient. Ils sollicitaient il est vrai, conseils des artistes talentueux de passage.

LES BALS

Cependant les bals ne perdent aucunement leur intérêt, ils continuent à être l'objet des préoccupations féminines. La grâce des créoles suscite l'admiration et l'étonnement :

« Lorsqu'on les a vues se trainant chez elles avec mollesse, appelant une esclave pour se faire éventer, ou pour un mouchoir s'échappe de leurs mains, on est émerveillé de voir dans un bal la lègèreté de leurs pas, la souplesse de leurs mouvements, le feu, la grâce et la vivacité de leur danse. Et ne croyez pas qu'elles goûtent rarement ce plaisir. Les créoles sont un peuple dansant : maîtresses et servantes, tout est en branle au son d'un instrument, celles là dans leurs salons, celles ci dans leurs cases. »

En effet,

« Lorsqu'il prend la fantaisie à un planteur de donner un bal, si le bal est décidé à onze heures, on envoie six nègres à midi porter les invitations et à sept heures du soir, l'immense galerie et l'interminable salon sont emcombrés de femmes, de soie, de dentelles, de fleurs [15]. »

Les bals sont des éléments de hiérarchisation sociale, car la prospérité économique génère une classe blanche de nouveaux riches, rivale de celle des « grands colons ». Leur origine est modeste, mais ils viennent augmenter le nombre des notables. N'étant pas reçus dans les « grands salons », pas assez fortunés, ils lancent la mode des cercles, y donnent leurs bals sous le nom de « coteries ».

La renommée des bals sera donc fonction, sur ces « atomes géographiques », du système hiérarchique colonial.

Chez les grands colons, jusqu'aux alentours de 1743, leur ordonnance est rigoureusement réglementée par des maîtres de cérémonies, et seules, les danses de cour sont admises. Les danses créoles sont exclues. On dansait le menuet, le rigaudon à pas d'allemande, l'anglaise. Il fallait savoir « valser et faire des jettés battus ou renoncer à figurer parmi les danseurs à réputation » [16]. En un mot, il fallait avoir été chez les Ursulines.

Mais les coteries vont dérider les bals. Les colons ont « senti qu'un divertissement n'était pas un cours d'étiquette » [17]. Les contredanses font leur rentrée. « Craint-on que l'ardeur des danseurs ne les trompe... on fait danser des menuets... lorsque des danseuses parlent de retraite... les allemandes, anglaises, menuets congos viennent encore employer quelques heures qui ne sont pas les moins gaies... [18]. »

En plus de ces bals, les femmes, pour tromper leur inactivité, se réunissaient deux fois par semaine pour danser, de cinq heures à neuf heures du soir. Ce sont les redoutes.

« A mesure que le luxe (étendait) son empire ou plutôt ses ravages, on a vu disparaître ces aimables amusemens ; et l'on a plus dansé que dans les fêtes somptueuses, où dans les bals publics » [19], et dans les salons du théâtre pendant le carnaval.

On jugeait aussi la fortune des colons au luxe et à la multiplicité des toilettes de leurs femmes, bien que ce ne soit pas un critère, car souvent les moins fortunées étaient celles qui étaient le plus richement habillées.

En effet, dans un même bal les femmes changeaient jusqu'à cinq fois de toilettes, les unes aussi luxueuses que les autres, c'était un sujet de rivalités entre elles.

L'étiquette des coteries était moins rigoureuse, toutes les danses étaient permises, mais le luxe des toilettes et les compétitions féminines étaient les mêmes.

En réalité les colons et nouveaux riches cherchaient à donner à leurs bals les allures de ceux de la cour à Versailles, mais ils n'y arrivaient pas, car aucun ne pouvait résister aux attraits du calenda, qu'ils dansaient, pour garder leurs illusions, sous le nom de « chica », « menuet congo », « fandango », « contredanses créoles », « biguines » et j'en passe. Écoutons Moreau de Saint-Méry les décrire : « Il n'est rien de plus lascif, qu'un pareil tableau ne puisse offrir, rien de plus voluptueux qu'il ne peigne. C'est une espèce de lutte où toutes les ruses de l'amour, et tous ses moyens de triompher sont mis en action : crainte, espoir, dédain, tendresse, caprice, plaisir, refus, délire, fuite, ivresse, anéantissement, tout y a un langage [20]. »

Or l'Église jetait l'anathème sur tous les adeptes de cette danse. Pour s'y soustraire, que de stratagèmes ne fallait-il pas faire ! « Les femmes les dansaient seules..., ou avec une de leurs compagnes, qui prenait le rôle du danseur, sans oser toutefois en imiter la vivacité [18]. » Elles ne péchaient pas puisque les religieuses les dansaient ou les avaient dansés dans le chœur des églises ou dans leurs cloîtres dans le Nouveau Monde. Les colons l'avaient-ils su ? Toujours est-il qu'aux colonies, le calenda ne se dansait plus dans les églises le jour de Noël, mais les femmes les dansaient dans leurs redoutes. En réalité, avec ou sans symbole cultuel, cette danse n'a eu de cesse d'être l'obsession de tous et perdura sous le nom, non moins célèbre, de « biguine ».

LA MUSIQUE DES GENS DE COULEUR

Les nouveaux arrêtés promulgués à l'endroit des gens de couleur, les privant de leurs droits civils et politiques, les déçoivent, les blessent. On pourrait penser de leur part à un rejet de tout ce qui est valeur culturelle française. Il n'en fut rien. Ils adoptent l'attitude inverse. Ils créent au sein de leur groupe une hiérarchie complexe, basée sur la date de leur affranchissement, la couleur de leur peau, leur fortune et surtout leur savoir, car seuls, les plus fortunés pouvaient envoyer leurs enfants dans les collèges de France.

Propriétaires de plantations, mais peu nombreux, petits commerçants, instituteurs, propriétaires de cabarets, tous font de la culture française, un élément de valorisation en même temps qu'un élément de résistance. Les plus fortunés et les lettrés, s'obstinent à conserver leur ancien mode de vie ; ils accréditent la supériorité de la musique française ; les instituteurs transmettent le patrimoine musical populaire ; seuls les propriétaires de cabarets contribuent au développement de la musique créole.

Continuant à se considérer citoyens français, ils participent à l'action gouvernementale. Comme pour les colons, la musique savante et la musique d'agrément deviennent un facteur de différenciation entre eux. Ces références engendrent un certain élitisme. Conscients de l'importance du savoir dans cette nouvelle société, ils sont tous soucieux de l'instruction de leurs enfants, ils fréquentent assidûment les théâtres de leurs villes aux places qui leur sont assignées et apprécient les spectacles parisiens qui leur sont donnés. Les plus fortunés suivent les idées et les modes culturelles de l'époque, organisent des soupers chantants, des soirées artistiques au cours desquelles les airs de cour, d'opéra, les ariettes, la déclamation, la musique instrumentale sont à l'honneur. Les moins fortunés évoluent dans le même sens. Les pauvres, bien qu'amateurs d'opéras, sensibles aux danses et aux airs de cour, deviennent les véritables instigateurs de la musique créole.

Une même passion les habite tous ; la danse : « Dans l'intervalle d'un bal à un autre, on se plaint fréquemment d'une longue attente qui serait insupportable sans les soins que procure le besoin de briller dans un nouvel ajustement. » [21]. Ces bals sont teintés d'un éclairage nouveau. Ils ne sont plus seulement le moyen de s'amuser, de s'exprimer, de « s'éclater », ils constituent leur exutoire.

Car si le gouvernement impose à tous les gens de couleur un statut unique, celui de l'esclavage, les protagonistes s'en défendent par tous les moyens y compris leurs bals, qui deviennent un des éléments supplémentaire de différenciation entre eux, mieux un facteur de hiérarchisation. Chaque groupe social se caractérise par ses danses, ses invités, ses toilettes, et surtout le luxe dont il est capable. Les fortunés entendant garder leur rang s'invitent entre eux, ordonnent leurs bals comme les grands colons, mais ils procrivent toutes les danses créoles y compris les menuets congos. Toutefois la psychose de la couleur sévit et perturbe les classes les moins favorisées : les dernières affranchies, pour gravir les échelons sociaux, organisent des bals au cours desquels elles n'invitent que des hommes blancs, d'autres choisissent de n'inviter ni Blancs ni Noirs, de ne danser qu'entre elles. D'autres focalisent leur intérêt sur les toilettes et les danses à étiquettes. Elles imaginent des bals où elles sont toutes habillées de taffetas, de linon, de mousseline de la même couleur. Pour briller, elles s'inscrivent aux cours de danses des maîtres de leurs cités, et à Saint-Pierre à l'Académie de danse de M. Francisque.

Les chroniqueurs ont été prolixes à propos des caprices de la société coloniale, du luxe inouï des toilettes, des défenses de calenda, des appels irrésistibles de ce « fruit défendu », mais aucun n'a parlé du talent des musiciens. Il n'a été loué qu'à Paris, à propos d'un certain Julien qui connut la gloire sous Napoléon Ier. « Il était chef d'orchestre... et fort goûté de la société... On disait, le mot est... de Joachin Murat, qu'il n'y avait de bal comme il faut si Julien n'en dirigeait la musique [22]. » Il est vrai qu'aux colonies, les musiciens étaient les esclaves, donc des instruments à faire danser. Si leur talent n'échappait pas aux colons, ils n'en faisaient pas état outre mesure. Aussi associerons-nous le talent des musiciens travaillant à Paris à ceux des Antilles, car ils furent à la même école.

Le musicien antillais imprimait à sa musique un mouvement de balancement. De ce fait ses danses devenaient souples et gracieuses, qualités que les chroniqueurs attribuaient à tort aux seuls danseurs. Ils ornaient leurs mélodies de notes d'agrément, de syncopes, de contre-temps, d'accents et autres subtilités rythmiques. Tout ceci fait que le plaisir de la danse se joignait à celui de l'écouter, tandis que le côté visuel l'emportait sur tous.

Et puisque nous parlons de musiciens antillais, restons-y. Bien avant le règne de Napoléon, ils tiennent le devant de la scène. Du temps de la Reine Marie-Antoinette, la société aristocratique raffinée, éclectique, bien que frivole et capricieuse, se disputait les « Juliens » dans les bals, et applaudissait aux concerts spirituels, le Chevalier Saint-Georges, dont l'abbé Grégoire, grand défenseur des Noirs fit un portrait émouvant : « Il était homme de couleur, ce Saint-Georges qu'on appelait le Voltaire de l'équitation, de l'escrime, de la musique instrumentale. Reconnu pour le premier entre les « Amateurs », on le plaçait dans le second ou troisième rang parmi les compositeurs. Quelques concertos de sa façon sont encore estimés. Son archet, son fleuret faisaient courir Tout Paris [23]. »

Si le tout Paris était sous le charme, les cantatrices de l'opéra elles, refusèrent de se laisser diriger par un nègre. Elles eurent gain de cause, et le racisme triompha du talent. Un autre musicien guadeloupéen eut plus de chance quelques années plus tard, on était sous le règne de Napoléon, il fut directeur de l'opéra comique de Paris, il s'appelle Campenon.

LA MUSIQUE SERVE

LA MUSIQUE DES ESCLAVES DES PLANTATIONS

Dès son arrivée, le bossale se crée une personnalité d'emprunt. Ses souvenirs, sa religion, sa musique et les réalités de la vie quotidienne, qui lui sont étrangères et qu'il doit accepter pour améliorer son existence, l'y contraignent. Il doit se forger une double identité : la sienne et celle que lui impose le système.

Double aussi sera sa religion : la sienne, relation d'un peuple libre avec ses génies, qu'il interpelle en chantant et en dansant en plein air, l'autre, relation d'un peuple enchaîné adorant un dieu en trois personnes, enseignant la résignation, chantée en latin, a capella, dans une église. Il aura deux langues, la sienne, et l'autre qui lui est imposée à partir du langage du maître. Son double ne sera pas toujours docile, il se rebellera souvent.

Tout au long de nos recherches nous avons été confrontés à ce dualisme. Il nous a conduits dans des méandres inextricables, en vertu des traditions africaines qui veulent que le même mot désigne à la fois, le chant, la danse, le tambour qui les accompagne et le bal au cours duquel ils sont joués, et de leurs nouvelles traditions créoles. Nous avons observé que toutes les fois où l'esclave opte pour une terminologie à consonance française c'est parce qu'il la retrouve dans ses dialectes. Quand il l'appliquera à sa musique, elle désignera à la fois la sienne, l'africaine, et l'autre, la française qui lui appartient aussi, enfin la créole ou la christianisée.

Les chants ou bel airs. Le bel air désigne tantôt un chant, tantôt une danse. D'où vient le mot bel air ? Nous lui attribuons quatre origines : deux françaises et deux africaines. En effet lorsque les airs de cour conquièrent les salons des colons, les esclaves appelleront leurs chants, air, et en créole ils diront : « on air », c'est-à-dire « un air ». Dans le même temps les missionnaires leur font apprendre les danses françaises, en leur disant qu'elles leur donnent un beau maintien, un bel air, alors ils appelleront certaines de leurs danses, les non érotiques, bel air, car « en yoruba, bèlè, désigne une grande fête qui marque la fin des récoltes...

49

(et) en baoulé on appelle douô bèlè, la récolte des ignames... C'est l'occasion de grandes réjouissances » [24] et donc de danses.

Voici un bel air dansé. « Trois nègres assis et tenant entre leurs jambes chacun tambour... frappent ces instruments de toute la force de leurs doigts musclés. Les négresses au nombre d'un ou deux cents forment un grand cercle et occupent le premier rang... Toutes chantent ou plutôt hurlent quelque chanson monotone en s'accompagnant du « chacchac »... Les hommes occupent le deuxième rang. Placés à un des points du cercle, les 3 tambours jouent le rôle principal. Leurs poses, leurs contorsions convulsives, leurs rires stridents, qui chez eux sont véritablement de l'inspiration, excitent l'admiration des assistants et produisent chez eux une véritable frénésie qu'ils expriment par des cris de joie, des trépignements effrayants. Au signal que donnent les tambours, en poussant un cri aigu et en donnant un coup formidable sur leurs peaux de chèvre, un nègre entre dans l'espace vide avec deux danseuses. Ces femmes parcourent lentement le cercle, donnant à tout leur corps un balancement, une espèce de tremblement général. Elles tournoient autour de leur cavalier, en tenant des deux mains un mouchoir blanc tantôt sur le cou, tantôt autour de la taille, tantôt au dessus de la tête. Dans ces moments, ce ne sont plus les humbles esclaves, courbées et tremblantes sous l'œil du maître mais bien des femmes fières et hautaines, entraînées par le plaisir et oubliant le monde entier. Elles sont comme fascinées par les gestes, les contorsions innombrables, les bonds furieux de leur danseur... On s'étonnera peut-être que sur une si nombreuse réunion, il ne se trouve que trois danseurs exécutants à la fois. Hâtons nous de dire que toutes les personnes, les femmes surtout, en agitant leurs chac-chacs, dansent aussi, sans pourtant changer de place. Tout leur corps, leur tête, leurs pieds sont dans une agitation continuelle, un mouvement perpetuel. »

Ce même auteur décrit un « Bamboula » : « le nègre, dit-il déploie une ardeur, une force de muscles incroyables et impossibles à décrire. Ses mouvements sont si rapides, si variés, si violents que sa respiration en est haletante ; ses yeux brillent comme ceux d'un tigre dans une nuit noire et lancent des éclairs ; il pousse des cris perçants ; il rugit de joie. Enfin le paroxysme étant arrivé à son apogée, le délire s'empare de lui ; puis, épuisé par tant d'exercice et de bonheur, il vacille jusqu'à un siège et ses danseuses viennent avec leurs mouchoirs blancs, lui essuyer sa figure ruisselante de sueur. Nous avons vu des nègres et des négresses danser pendant une heure et demie, sans s'arrêter et finir par tomber anéantis et comme morts » [25].

Voici un bel air uniquement chanté :

« Toutt'fois lanmou vini lacase moin
Pou palé moin, moin ka réponne :
Ké moin déjà placé.
Moins ka crié : sécou les voisinages !
Moins ka crié : sécou la gâde royale !
Moins ka crié : sécou la gendarmerie !
Lanmou pouend yon poignâ pou poignadé moin

Traduction :
Chaque fois que l'amour vient à ma case
Pour me parler d'amour, je lui réponds :
Mon cœur est déjà placé.
Je crie : Au secours les voisins !
Je crie : Au secours la garde royale !
Je crie : Au secours la gendarmerie !
L'amour prend un poignard pour me frapper [26]. »

Bien que le caractère exclusivement oral du « bel air » rende impossible toute restitution musicale, la lecture des relations, chroniques, correspondances, rapports aussi contradictoires que divers, nous permet de distinguer les bel ai des ateliers, des coups de mains, *de* sociétés et *des* sociétés.

Les chants ou bel airs d'ateliers. Si le Noir n'avait pas le droit de chanter en travaillant au XVIIe siècle, il n'en est pas de même au XVIIIe. Au contraire, ses chants sont sollicités, encouragés, voire ordonnés sur toutes les plantations pendant tous les travaux. Ils ne contreviennent plus, ni aux lois de l'Église ni à celles de l'État car ils ont le grand avantage d'accroître la productivité des plantations, de contribuer à l'équilibre psychique de la communauté, lui permettant de retrouver ses traditions : le travail en équipe et en musique.

Plantations et sucreries résonnent donc des bel airs des ateliers jour et nuit, quels que soient les travaux exécutés : défrichage des champs, labour, coupe de la canne, préparation du mil, du sucre, etc. « Quand les nègres se servent du marteau ils frappent en mesure, quand ils creusent des sillons ils ont des mouvements cadencés ; ils chantent en travaillant dans la plaine, ils chantent en revenant du travail. Les voix des femmes sont douces, leur chant est composé de sept à huit notes qui reviennent sans cesse et la mélancolie de leur musique a quelque chose d'attendrissant. Elles chantent un chœur à part et les nègres chantent alternativement avec elles [27]. » Certains soirs après les travaux, la préparation du mil occasionnait des veillées champêtres. Les femmes alors chantaient en travaillant. « Leurs couplets n'avaient ni règle, ni mesure ; quatre mots les faisaient chanter pendant une heure. Mais elles avaient le mérite d'improviser [27]. » A la fin des travaux, elles dansaient. Pendant la coupe de la canne à sucre, les chants des coupeurs s'entendaient sur des kilomètres. Ils convenaient à tous : les esclaves, les colons et les gouverneurs. Thibaut de Chanvallon écrit : « C'est un avantage dans la plupart des travaux. Le chant les anime et la mesure devient une règle générale. Elle force ceux qui sont indolents à suivre les autres. »

Nous vous proposons un chant de coupeur de cannes : « Zip, zap, ouabap. » Le titre qui est à la fois le refrain a une valeur phonétique et psychologique. Les trois onomatopées traduisent les gestes et l'état d'esprit du coupeur. La première imite le son qu'émet le fil de son coutelas sur la tige de la canne, la deuxième celui qu'il fait en l'effeuillant, la troisième exprime sa satisfaction lorsqu'il s'en débarrasse : « terminé pour cette tige ». Ils synchronisent la cadence des mouvements des coupeurs :

Transcription par l'auteur

Les couplets relatent les événements quotidiens. Ici le soliste s'épanche

Ma bell'ô, oh oh ma bell' ô	Ma belle ô
Zip, Zap, Oua ap	Zip, Zap, Ouabap
Ma bell ô	Ma belle ô
Quelle jolie fill' ô ma bell ô	Quelle jolie fille ô ma belle ô
Zip…	Zip…
Ma bell' ô fill' 'ô	Ma belle ô, fille ô
Fill' ô la pas bon ma bell' ô	La fille n'est pas gentille
Pléré pou la façon	Elle pleure pour la façon
Moins ka travaill' tracé	Je trace des sillons
Moin ka méné cabrouré	Je conduis les cabrouets
Moin ba Jéjé l'agent	Je donne de l'argent à Jéjé
Jéjé ka côné moin toujou	Jéjé me trompe toujours
ouaill' Jéjé sirop la	Ouaill' Jéjé le sirop
Sirop ta la pa bon pou nous	Le sirop n'est pas bon pour nous
Ouaill' Jéjé, sirop la	Ouaill Jéjé le sirop,
Sirop la, sirop la Jéjé	Le sirop Jéjé, le sirop
Sirop ta la pas clarifié…	Ce sirop n'est pas clarifié

Les chants ou bel airs de métier. Les belairs de métier ne se limitaient pas aux seuls travaux collectifs. Tout esclave, quelles que soient ses occupations pouvait chanter tout à son aise, à la seule condition que son travail n'en souffre pas. Aussi il n'était pas rare de voir des Noirs travaillant seuls, mêler des danses à leurs chants. Un visiteur étonné ne put s'empêcher d'écrire : « Il faut voir un noir pour se former une idée de leur passion. Vous voyez un nègre occupé silencieusement à quelque travail tout à coup il se dresse, hurle un couplet ou deux de quelque chanson et se met à danser d'une manière frénétique. Ce manège ayant duré trois ou quatre minutes il se remet tranquillement à l'ouvrage pour recommencer son chant et sa danse une heure après et ainsi alternativement jusqu'à la fin de la journée [28]. »

Ces danses ne sont nullement des fantaisies ou de l'expression corporelle, elles font partie du rituel de l'esclave. Ce sont ses prières. Elles guident ses activités, elles aident à la réactualisation du dieu, raniment sa présence, lui insufflent le courage et la force.

Improvisés, les chants font preuve d'un véritable talent : le danseur, à la fois chanteur, doit adapter les onomatopées, proverbes, chers à la tradition, et ses paroles, au rythme du chant cultuel et à son activité. Ce qui fait dire à Monsieur de Chanvallon : « Ils sont tout à la fois poètes et musiciens. Les règles de leurs poésies ne sont pas rigoureuses, elles se plient toujours à la musique. Ils allongent où abrègent au besoin les mots pour les appliquer à l'air sur lequel les paroles doivent être composées... Un objet, un événement frappe un nègre, il en fait aussitôt le sujet d'une chanson. Trois ou quatre paroles qui se répètent alternativement par les assistants et par celui qui chante, forment quelquefois tout le thème. Cinq ou six mesures font toute l'étendue de la chanson [29]. » Une visite d'atelier par des étrangers, et tout de suite les nègres chantent :

« Béquets iaux ca veni voi nous ; Iaux ca aller ba nous yon goude ; Et pi nous ca aller bouè rouom. Ca béquets iaux tini l'agent. Oui, yo tini yon pile l'agent Oui, yo tini yon pile l'agent. »	« Voilà les blancs qui viennent nous voir Ils vont nous donner une gourde Et puis nous irons boire du rhum Car ce sont les blancs qui ont l'argent Oui, ils ont beaucoup d'argent Oui, ils ont beaucoup d'argent. »

Les bel airs de société. Les bel airs d'ateliers étant productifs de revenus, les colons sont satisfaits. Ils sont tout disposés à laisser se divertir les esclaves, en dehors de leurs heures de travail. Le soir ceux-ci se réunissent pour deviser, chanter, danser, en un mot pour sacrifier à leurs coutumes. Les voix des chanteurs se mêlent à celles des conteurs. Chants, danses, contes, proverbes, nouvelles s'entremêlent au gré des participants. La multiplicité des nations, la prédominance de certaines d'entre elles sur les plantations sont à l'origine des différents noms que nous retrouvons pour désigner ces réunions : bel airs, léroses, bamboulas, guiambel.

D'où viennent le *guiambel* et le *lérose* ? Le guiambel a pour origine le nom d'une nation de la Guinée ; le lérose serait une des danses des congos.

Les conteurs étaient très écoutés, très entourés des enfants, respectés de tous. Ils étaient leur mémoire, leurs livres d'histoires héroïques. Leurs contes philosophiques, allusifs, toujours entremêlés de chants, perpétuent la tradition. Leurs histoires merveilleuses se rapportaient à des événements qui mettaient en valeur leurs congénères, et magnifiaient leur courage. Écoutons l'histoire de « Gwand Goblé, P'tit Goblé » qui fait allusion à la révolte des esclaves de 1717 : « le Gaoulé ».

22. GWAND GOBLÉ, P'TIT GOBLÉ[2]

C'était un troupeau bef, qui teni un seul taurreau dans troupeau a. Toute vache qui mi bas qui fai un taurreau papa a chué i. I ca vové toute ses vache la bo'de la mer, asou woche, mangé wawette (s'è'be wouge, bo'de la mer). Teni Vittoria, un vache, qui senti enceinte. I save c'est un taurreau i té qué faite. I parti, i marron, duns bois. I serré duns bois jusque i metté bas. Lé taurreau teni dé mois, i mandé mama i, "Moin envi connaîte papa moin." Manman di i. "Mon fi', ou trop pitit. Mangé toujou', papa ou c'est pas un 'tit ma'maille." Au bout de t'ois ans enco' i di maman, "Moin ca senti moi gwand enco', moin pé' connaîte papa moin." Maman di, "Mi l'én y un pied gomié. Sou ba i un coup tête, ou 'crasé i, ou peut connaîte papa ou." Là i ba i un coup tête. i penché i. i pas jeté i. Maman di, "Mon fi', ou t'oup faib'e, mangé enco' quat'e ans." Au bout de quat'e ans enco' i té plus gwos que un maison. Alors i di, "Maman, sans faute, sans manqué, l'année ta a, faut moin join epi papa moin." Maman a ca di, "Mi pied gomié a, 'gardé wé ça ou ca pé' fai epi i." I vini asou pied gomié a. i ba un coup de tête. i fai pied gomié a fai la poussié'. Alors i di, "Maman, anous descend!"

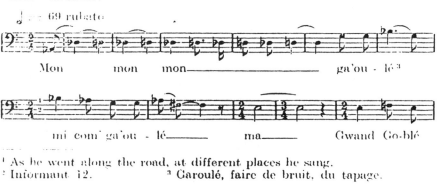

¹ As he went along the road, at different places he sang.
² Informant 12.   ³ Garoulé, faire de bruit, du tapage.

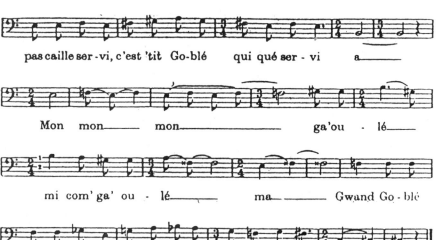

Papa té ca couché. I levé tête li, i conté toute ses vaches la. I wé ça qui ca manqué a. Lé p'tit Goblet wé papa i ca brenné. I di maman, "Ça qui montagne qué là?" Maman di, "C'est pas un

montagne, c'est papa ou qui couché." I chanté, i ca descende.
Papa 'tenne voix i fort. Papa a levé duboute, epi metté toute
ces vaches la derrié' i. I cummencé chanté:

> Mon mon mon ga'oulé.
> Mi còm' ga'oulé.
> P'tit Goblé qué ca servi.
> C'est gwand Goblé té ca servi.

Là toute ces vaches la caille en deui (dos i) chanté:

> Mon mon mon ga'oulé.
> Mi com' ga'oulé.
> P'tit Goblé qué ca servi.
> C'est gwand Goblé té ca servi.

Là yo 'rivé près, yo metté yo en parade pou' goumé. Yo changé
chanson a, yo poin:

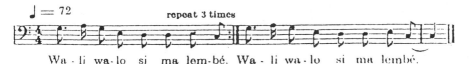

Wa - li wa - lo si ma lem - bé. Wa - li wa - lo si ma lembé.

Là yo poin goumé. 'Tit Goblé poussé papa i, comme ici 'rivé a
cent mo)(ne (loin, loin, jusque l'aut'e bo' moX)ne). Là, papa viré
allé. Toute ces vache la content, yo re'té derrié' 'tit Goblé. Papa
a allé, i cummencé pleuré. "'Ga'dé ça femme la fai moin! I allé
serré en bois, pou' i fai yiche moin vini batte moin. Ou ewé ça
pas maleré (malheur) pou' tout ça femme moin teni 'tit bal (bol)
homme la poin toute?" La i viré goumé enco'. 'Tit Goblé tué i.
Lé 'tit Goblé chué i, toute vaches té content. Yo fai yun fête
Moin té à fête la té ca dansé epi yo. Yo di moin allé di ça ba moune
qui pas té wé ça. Ça fait. Bis.

Traduction

Grand gobelet, petit gobelet.

C'était un troupeau de bœufs qui n'avait qu'un seul taureau. Toutes les vaches qui mettaient bas, le père tuait le petit. Il avait l'habitude d'envoyer toutes les vaches au bord de la mer, manger les « wawettes » des rochers. Parmi elles se trouvait Vittoria. Elle se savait pleine d'un taureau, alors elle partit dans les bois jusqu'à sa mise bas. Quand le taureau eut deux mois, il dit à sa mère « J'ai envie de connaître mon père ». Elle lui répondit : « Mon fils tu es trop petit, il te faut encore manger pour grandir, ton père n'est pas un enfant. » Au bout de trois ans, il dit à sa mère : « Je me sens grand, maintenant je peux connaître mon père ». Elle lui répondit alors : « Tu vois ce gommier[1] si tu l'encornes et si tu le déracines, tu pourras connaître ton père. » Alors il l'encorna, le gommier se pencha mais ne tomba pas. Sa mère lui dit alors : « Mon fils tu es trop faible, mange encore pendant quatre ans. » Au bout de quatre ans, il était plus gros qu'une maison, alors il dit « Maman sans faute, cette année, il faut que je rencontre mon père. » Sa mère lui répliqua : « Voilà le gommier, mesure-toi à lui. » Il s'y rua, l'encorna et le réduisit en poussière. Victorieux, il dit : « maman descendons ».

(musique) :

« Mon ! mon ! mon ! gaoulé
Comme le gaoulé
Ma ! Grand gobelet ne servira plus
C'est petit gobelet qui servira. »

Le père était couché, il leva la tête, compta toutes ses vaches, vit celle qui manquait. Quand petit gobelet vit son père bouger il dit à sa mère : « Quelle est cette montagne ? » Elle lui répondit : « Ce n'est pas une montagne c'est ton père qui est couché. » Il chanta qu'il descendait. Le père entendit sa voix forte, il se redressa, rangea toutes ses vaches derrière lui, puis il commença à chanter :

« Mon ! mon ! mon ! gaoulé
Comme gaoulé
P'tit gobelet servira
C'est grand gobelet qui servait. »

Alors toutes les vaches chantèrent :

« Mon mon mon gaoulé
Voilà comme gaoulé
P'tit gobelet saura servir
C'est grand gobelet qui servait. »

Quand ils arrivèrent l'un près de l'autre ils firent la parade du combat, changèrent de chansons et chantèrent : « Wali Walossi ma lembé » (bis)

Alors ils se battirent. Petit gobelet lança son père comme d'ici à cent mornes (loin loin jusqu'à l'autre morne). Le père revint, mais toutes les vaches se tinrent derrière petit gobelet. Le père se mit à pleurer : « Regardez ce que m'a fait la femme, elle est allée se cacher dans les bois

---

1. Arbre.

pour mettre bas mon fils afin qu'il me batte. Si ce n'est pas malheureux, mon fils m'a pris toutes mes femmes ! » Puis il recommença à se battre. Alors petit gobelet le tua et toutes les vaches se réjouirent. Elles organisèrent une fête, j'y étais, je dansai avec elles. Elles me dirent de le raconter à ceux qui ne le savaient pas. C'est chose faite.

Ainsi se transmettaient les actions héroïques des esclaves. Les conteurs n'étaient plus au service d'un roi ou d'un chef, mais à celui de leurs communautés. Ils rendaient aux esclaves la confiance en eux qu'ils avaient perdue, leur donnaient des raisons d'être fiers et combatifs, renforçaient la solidarité entre les nations.

Les bel airs des sociétés. Il ne faut pas confondre les belairs *de* sociétés et les belairs *des* sociétés. Les premiers relatant la vie quotidienne de l'esclave, les seconds appartenant aux différentes sociétés au sens africains du terme c'est-à-dire des sortes d'entreprises semi-cultuelles, semi-profanes dont les buts sont d'organiser les réjouissances, de prêter main-forte aux sociétés sœurs, de resserrer les liens de la communauté.

Aux colonies leur finalité principale sera de veiller aux danses qui seront exécutées lors des fêtes publiques et les dimanches, afin d'empêcher les calendas. Chaque nation aura sa société. Chaque société, hiérarchiquement structurée a à sa tête un roi et une reine. Ils sont aidés dans leurs tâches par leurs assesseurs. Le choix des roi et reine sera suggéré par les missionnaires, car ceux-ci, ayant connaissance de l'efficacité du pouvoir moral de ces sociétés sont favorables à leur reconstitution. Mais les gouverneurs n'approuvent pas toujours. Leur organisation rigoureuse, la discipline des sociétaires inquiètent les administrateurs qui y trouvaient les conditions requises pour mener à bien des révoltes. De plus, ils jugaient préjudiciable l'attitude des missionnaires. Ils voyaient comme une atteinte au prestige royal et au leur propre, car ceux-ci consacraient les roi et reine avec faste lors de la Fête Dieu.

Le gouverneur Bompar s'en plaint directement au Roi... de France dans une lettre datée du 20 juillet 1753 :

« J'ai eu l'honneur de vous mander par ma lettre du 28 juin dernier n° 110, que je m'étais rendu à Saint-Pierre dans le temps de la Fête Dieu pour voir moi même toutes les bizarreries ridicules que l'on m'avait dit être en usage depuis bien des années aux sujets des processions que les religieux des différents ordres, faisaient dans leurs paroisses le jour de cette fêtes par les nègres... Le bourg de Saint-Pierre a deux paroisses et parconséquent deux curés pour les nègres : l'un est jésuite, l'autre est jacobin. Ces deux curés se sont piqués cette année, à l'envie l'un de l'autre, de répandre plus d'apparât et de singularité dans la procession de leurs nègres qui se fait immédiatement après celle des blancs. Il y a eu jusqu'ici tant à l'une qu'à l'autre procession un très grand nombre de nègres sous les armes (de bois à la vérité), mais rangés avec un ordre et une discipline les mieux observées par les nègres qui représentaient les officiers et les autres qui composaient la troupe. J'ose même dire avec autant d'ordre qu'aucune troupe du Roi la mieux exercée pourrait observée. Plusieurs autres vêtus d'habits très riches, représentaient le Roi, la Reine, toute la famille royale jusqu'aux grands officiers de la couronne. On m'a même assuré que dans une des paroisses de l'île, le curé introduisit l'année dernière dans le sanctuaire, le singe et la guenon que contrefaisaient le Roi et la reine. Ils furent placés l'un et l'autre dans des fauteuils. Il est bon de remarquer que dans cette paroisse il n'y a qu'un curé et que non seulement les nègres eurent les honneurs mais que les blancs y furent confondus avec eux... [31]. »

Le sacre de ces rois et reines n'avait d'autres buts en fait pour les missionnaires, que de renforcer l'autorité des chefs afin de mieux censurer les danses de la fécondité, et d'amener les esclaves à délaisser leur culte, ce qui les rapprocherait de la religion catholique. Ils pensaient que ces sociétés devraient être les meilleurs auxiliaires de l'Église et de l'administration ; elles étaient aussi reconnues implicitement par le Conseil Souverain de la Martinique. En effet, le trois décembre 1829, des magistrats, lors d'un conseil privé, citent un rapport datant approximativement de 1793, faisant état de ces sociétés sous le nom de nations.

Il semble qu'il ne reconnaissait que les sociétés de distractions et les sociétés sœurs, celles des « coups de mains » ou « convois ». En effet, ces dernières permettaient aux colons de déroger à l'article XXIV du code noir qui prévoyait leur obligation de subvenir aux besoins alimentaires et vestimentaires de leurs esclaves. S'y dérobant, en contrepartie ils leur accordaient la journée du samedi afin qu'ils se prennent en charge, et leur cédaient alors une parcelle de terre, « un jardin ».

Les bel airs des coups de mains. Ils sont beaucoup plus animés que ceux des ateliers, car les esclaves se retrouvent entre eux, ils cultivent leur propre jardin et ils peuvent chanter, danser, jouer du tambour en l'honneur du dieu paysan pour qu'il leur donne le courage, l'énergie et crée la joie. Pour vous faire faire connaissance avec un coup de main ou convoi, nous avons préféré céder la plume à l'ethnomusicologue Huge Zemp, tant les traditions africaines sont restées les mêmes aux colonies.

« Chaque travail que l'on fait au champ a sa musique particulière : la première démarche pour une nouvelle plantation... consiste dans le débroussaillement du terrain. Ce travail s'accompagne souvent du rythme du tambour-de-bois : petits tambours en bambou dans l'Ouest, (région dont nos esclaves sont en grande partie originaires), grands instruments en bois ailleurs. Souvent des chanteurs simulent avec ou sans tambours de bois ce travail qui se fait dans une ambiance euphorique : les débroussailleurs font des mouvements de danse, frappent rythmiquement avec la machette dans le sous-bois, poussent des exclamations... Après... on abat les arbres à la hache... dans le Sud-Ouest par contre sur le rythme du tambour, parfois un chœur chante en même temps [32]. »

Pendant les travaux les cuisinières s'activent. Après le repas copieusement arrosé de rhum, les esclaves dansent pour se distraire et remercier le dieu paysan. La danse débute par un jeu presque imperceptible des reins, plus accentué chez les femmes. Les danseurs s'avancent les uns en face des autres en se tenant sur la pointe des pieds.

« Les mains sur les côtés ils passent les uns près des autres sans se toucher. Avec une élégance marquée, le danseur recherche la danseuse qui le fuit capricieusement. Quand la danse est très animée après le « Cassé Tambour », où ils font des entrechats jusqu'aux pieds des danseuses, ils abandonnent les bras dans les cadences magnifiques, les relèvent, les croisent sur leur estomac où touchent légèrement les revers de leur vareuse en balançant la tête harmonieusement. Ils dansent avec entrain et élégance. La danseuse conserve sa grâce, son calme, son sourire, en recherchant le danseur à droite et à gauche avec malice et caprice, car le danseur qui semble faire la cour à la danseuse ne fait encore aucune avance. Soudain le chœur entonne un air nouveau qui fait appel à la générosité du cavalier ''Deboussez jeunes gens payez rond'an''. En ce moment, avec toute la malice du paysan matois et économe il pivote sur lui-même, s'arrête en se balançant toujours avec élégance, puis tire un billet ou une pièce de monnaie de son mouchoir ou de son ''djacoute'' et l'offre à la danseuse. Celle-ci joyeusement saisit la pièce de monnaie puis, elle retire son mouchoir de sa ceinture et essuie le visage du danseur [33]. »

Les coups de mains sont épisodiques, mais les travaux des jardins hebdomadaires. Les samedis dans une atmosphère de fête, les chants, les appels, les rythmes s'entrecroisent. Les travaux s'accélèrent en même temps que monte le soleil et s'échauffent les tambours.

Ce regroupement de Noirs apparemment libres, s'activant en chantant et en dansant, faisait penser à l'Afrique, d'où le nom de « petites guinées », que les colons leur ont donné.

En effet, plus besoin de circonlocutions pour rapporter les cruautés des contremaîtres. Tout est débridement. Les chants et danses accompagnant la culture de l'igname, des pois d'angole, des patates douces, resurgissent :

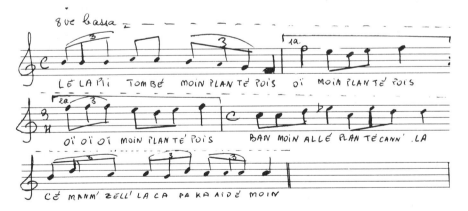

> La pluie est tombée,
> J'ai planté des pois oï !
> La pluie est tombée
> J'ai planté des pois
> Oï, oï, oï, j'ai planté des pois,
> Laissez-moi aller planter la canne,
> Ces demoiselles-là ne m'aident pas !
> Les dimanches ils dansent sur les savanes.

Danses des dimanches. La danse la plus courante le dimanche sur les savanes des plantations s'exécute par couple.

« L'homme saute étonnamment haut et la femme décrit à petits pas un petit cercle en restant presque toujours sur place en remuant fesses et hanches d'une façon tout a fait remarquable. Tous les autres forment un cercle autour du couple. Un tronc d'arbre creux tendu de cuir d'une bête sert de tambour et on en joue avec une grande maîtrise. Le tambour est également chef d'orchestre. Le couple de danseurs a toujours affaire avec lui. Le couple s'incline devant lui, lui tourne le dos, lui fait des grimaces affreuses et comiques et au rythme de son tambour ils crient toutes leurs souffrances et poussent des cris perçants. Les musiciens les accompagnent avec des instruments qui ressemblent à des triangles. Le chant est une mélodie très simple qui comporte peu de mots, toujours répétés. Les danseuses tiennent le plus souvent leur écharpe fort gracieusement. Elles essuient souvent la sueur du corps du tambour. Lors de ces festivités on voit encore souvent des noirs avec des anneaux aux oreilles, des chaînes en or et des chemises en toile des Flandres aux manches immenses. Autour de la tête et du cou, ils portent des anneaux de grande valeur. Il arrive souvent qu'ils tombent d'épuisement [34]. »

Les veillées mortuaires. Les sociétés de distractions devaient aussi contrôler les veillées mortuaires, car les calendas étaient dansés toute la nuit. N'étaient ils pas la danse de la mort ? Mais ces soirs-là, le double des roi et reine restait muet, le respect, la crainte des Anciens, leur amitié pour le défunt, leur en imposaient.

En effet, les veillées sont de véritables fêtes, car les Noirs se réjouissent à l'idée que leur parent ou ami est enfin délivré des affres de l'esclavage et qu'il pourra regagner l'Afrique. Ils lui souhaitent un bon voyage et demandent aux dieux de lui « ouvrir la route ». Ils honorent le dieu de la mort, chantent et dansent le calenda pour que les débuts de sa nouvelle vie se passent dans la joie, d'où l'atmosphère de fête qui préside à ces veillées qui durent la nuit entière.

A l'annonce de la mort faite à la conque de lambi, les esclaves des plantations environnantes s'acheminent vers la case du mort. La veillée commence par la danse du calenda et, pendant que s'activent les cuisinières, à l'intérieur, les femmes chantent des cantiques et des prières chrétiennes tandis que dehors, les hommes chantent des bel airs, vantant les qualités du défunt, rappelant les moments de sa vie. Calendas, bel airs, cantiques s'unissent. La coexistence de ces deux rites, se poursuit pendant le convoi funèbre en présence du clergé : « A la sortie de l'église les femmes chantent et battent des mains en avant du corps, que les hommes suivent. Un esclave se tient à côté et joue du tambour de façon lugubre pendant que les porteurs "miment une danse en ployant les genoux de façon à faire monter et descendre leur fardeau et avancent en zigzags tout en chantant" [35]. »

Les Assemblées. Les Assemblées continuent. Les dieux de la mort et de la guerre sont toujours les plus invoqués. Les colons et religieux n'y pouvaient rien. L'éloignement et le mystère qui les entouraient et les entourent encore ne permettaient aucune intervention. Les nègres marrons y jouaient un rôle de premier ordre.

Révoltés, ils avaient déserté les plantations et vivaient dans les montagnes. Mais ils faisaient de fréquentes apparitions dans les bourgs dans l'anonymat, et officiaient la nuit. Conscients de l'importance de leur nombre, ils n'avaient de cesse d'encourager les autres à s'organiser pour conquérir leur liberté par la lutte armée. Pour ce, ils entretenaient des relations constantes avec le dieu de la guerre, et imploraient Vodù.

A l'approche de la Révolution, l'arrivée des colons, fuyant Saint-Domingue, attisent leurs espoirs. Leurs cultes se multiplient. N'oublions pas que c'est Toussaint Louverture, grand adepte du culte Vodù qui prit la direction de la révolte de son île. Or toujours à Saint-Domingue depuis 1768, un grand prêtre du nom de don Pedre s'était mis en tête d'aider à la rébellion des siens. Les chants et danses qu'il présidait revêtaient un caractère particulièrement violent, car les libations du culte étaient agrémentées de poudre à canon, de sang, ce qui avait pour effet, l'idéololgie des chants et danses intervenant, d'exciter les participants, de les mettre en condition pour mener à bien leurs entreprises.

Les marrons de nos deux îles convaincus que l'association de don Pedre et de Vodù provoquerait la ruine et la destruction des Blancs, célébraient les mêmes cultes. Au cours de cette cérémonie, « Un bruit affreux annonce l'apparition du roi vodou qui sort de dessous la nappe, tenant un tison ardent d'une main et un poignard de l'autre, il demande d'un air féroce au récipiendaire ce qu'il veut : « Je désire, dit-il, baiser la couleuvre sacrée et recevoir de la reine vodou ses ordres et ses poisons. » Le roi, pour l'éprouver, lui enfonce la pointe de son poignard dans le bras et le gras de la cuisse, ensuite il applique son tison ardent. Si le nègre se plaint ou fait la grimace, il est assassiné sur-le-champ ; s'il ne fronce pas du sourcil, les Noirs armés le conduisent alors dans une chambre vaste au bout de au milieu de laquelle il y a un grand bamboula ou tambour, de 4 pieds de haut, orné de rubans, de feuillage et de fétiches.

« Le récipiendaire la traverse sur ses genoux et sur ses coudes entre deux rangs de nègres et de négresses. En arrivant auprès du rideau, il fait offre des volailles et des vivres qu'il a volés, le rideau se lève immédiatement, il aperçoit sur un trône le roi prêt à le percer d'une flèche et à côté de lui, la reine qui retient l'arme meurtrière. Sitôt que son offrande est faite, on lui passe la couleuvre tout autour du corps, il la baise et reçoit ensuite les ordres et les poisons de la reine, pour détruire dans deux ou trois mois ses ennemis et leurs animaux. « Sept nègres nus, ayant des feuilles autour des reins, des plumes à la tête et des rasades autour des poignets, le prennent et le conduisent auprès du tambour sacré, ils l'arment d'un bâton semblable au leur, lui font boire un breuvage enivrant, mêlé de sang, de poudre à canon et de tafia après quoi ils chantent et répètent en chœur les paroles suivantes qu'ils commencent et terminent par un coup de bâton sur le bamboula :

« A ia bombaia bombé, lamma samana quana é van vanta, vama docki. »

qui signifie :

« Nous jurons de détruire les blancs et tout ce qu'ils possèdent mourons plutôt que d'y renoncer. »

« Après le serment, les hommes et les femmes se mettent à danser tout nus et à boire du tafia. La salle n'offre plus ensuite qu'une orgie indécente, dans laquelle les deux sexes se trouvent enlacés dans les bras les uns des autres [36]. »

Les traditions créoles. Le système colonial bien en place, les mêmes traditions paysannes françaises et africaines, fêtes du nouvel an, de fins de récoltes, carnaval, mariages, réapparaissent. Un colon en visite chez des amis pour les fêtes de fin d'année, assiste aux vœux de nouvel an. Il raconte :

« Ce jour arriva... et les nègres descendirent en effet, mais jamais je n'avais vu une telle procession de vêtements déchirés et de visages lugubres. La maîtresse de maison qui m'avait annoncé des toilettes splendides était plongée dans la dernière des mortifications, les nègres et les négresses vinrent tous, l'un après l'autre souhaiter la bonne année au maître et à la maîtresse puis à chacun des enfants. Il y avait dans le nombre une dizaine de jeunes mères qui avaient leurs négrillons à la mamelle, nés depuis le mois de janvier précédent et qui vinrent présenter et recommander leur « petit monde », car c'est ainsi que les nègres nomment leurs marmots. Cette cérémonie dura plus d'une heure et elle se fit avec une tristesse inimaginable, nous n'y comprenions rien. Quand elle fut finie, les nègres se réunirent devant la porte avec un tambour. L'un d'eux s'assit à califourchon et commença à le battre avec force. C'était un bamboula... En même temps, une négresse commença une chanson fort longue, composée de couplets avec des refrains qui étaient repris en chœur. La danse se mit en train. C'est alors que nous eûmes le secret de cette tristesse d'enterrement. La négresse se mit à raconter dans sa chanson le chagrin qui avait gagné tout l'atelier depuis que leurs maîtres avaient affermé leur sucrerie et s'en étaient allés dans une habitation voisine. Jamais enfants séparés de leurs frères, jamais femmes séparés de leurs maris, jamais amants séparés de leurs maîtresses n'ont fait entendre d'aussi lamentables regrets ; et ils s'appesantirent surtout sur un couplet où ils disaient que s'ils étaient venus souhaiter la bonne année avec des vêtements si sales, c'est qu'il n'y avait pas qui fussent assez en désordre pour exprimer le désespoir de leurs cœurs. Puis ils se mirent à chanter des couplets sur le maître, sur la maîtresse et sur les enfants, alors les larmes s'en mêlèrent, les hommes sanglotaient et les femmes étouffaient [37]. »

« Il faut vous donner l'idée d'une noce de nègres que je vis... chez M. Desmarets... raconte un autre.

« Différentes nations de noirs, y parurent distingués par leur drapeaux. L'épousée tenant les bouts de son tablier dans ses deux mains, était au milieu du cercle et chaque femme se présentait devant elle pour danser. Les nations avaient leurs danses particulières, la sienne se bornait à un petit mouvement de pied mesuré. Mais, il lui fallait tenir tête toute la journée aux danseuses qui venaient la provoquer. En se retirant elles jetaient dans son tablier une pièce d'argent. Quelques unes murmuraient une espèce d'épithalame, interrompu par les refrains du chœur ; d'autres battaient des mains en les approchant de leurs figures, d'autres se courbant en dansant autour de la mariée, remuaient les hanches avec une agilité surprenante ; et, il y en avait qui frappant deux calebasses l'une contre l'autre, tournaient avec tant de rapidité sur elles-mêmes, qu'au bout de quelques minutes elles étaient trempées de sueur. Des nègres à figure grotesque, battaient sur des tambours et faisaient des éclats de rire à la vue des attitudes comiques des danseurs bouffons. Certains ballets représentaient toutes les périodes de l'amour mais ces tableaux effrontés n'offraient qu'une volupté sans pudeur. La jeune épouse vêtue de blanc, la tête penchés, les yeux baissés contre terre agitait doucement ses pieds et souriait à peine aux agaceries de ses compagnes... [38]. »

LES CHANTS DES ESCLAVES CITADINS

Les esclaves citadins sont généralement nés aux îles. Nègres à talent, à l'exception des arrimeurs, ils sont domestiques, ouvriers, marins et pacotilleurs. Ils vivent dans une ambiance culturelle française qui les imprègne : à partir de 1775 ils ont des places réservées au théâtre, sont des spectateurs assidus et intéressés. Certains font partie des corps de ballet (ces termes n'étaient pas encore utilisés à l'époque), des troupes de comédiens. Ils écoutent, quand ils ne les chantent pas, les œuvres religieuses des grands compositeurs. Ils sont éblouis par la richesse des colons, dominés par leur supériorité, tourmentés par la notion de péché de la religion catholique : péché de la chair, de la superstition, de la sorcellerie. Trois éléments qui sont les bases même de leur ancien culte. Confrontés à deux civilisations qui s'opposent, leur musique en sera l'osmose.

Le contraste avec celle de ruraux est grande. Le soir après le travail, ils partagent leurs chants et danses avec les instruments mélodiques : violons, flûtes, trompette, etc. Ils ne les font plus systématiquement commencer par le « mimlan ». Bien que diversifiant leurs rythmes, ceux-ci restent l'élément essentiel de leur musique. Chaque sentiment a son mode d'expression, son rythme. Nous en avons perçu cinq : les berceuses, les complaintes, les chants de métier, les chants, les danses. Nous avons tenté de les illustrer. Pour ce faire, nous avons tenu compte du fait que la tradition ne retient que les chants les plus populaires. Le dualisme des esclaves et surtout les rythmes ont été nos guides, car le rythme nous dit Francis Bebey « insuffle à la musique, son pouvoir biologique lui permettant de produire des fruits psychologiques » [39].

Les chants. *La berceuse* Voici deux versions d'une même berceuse : celle de l'esclave endormant son enfant : « Quand pitit' en moin ka mandé moin tété », et celle de l'esclave endormant l'enfant du maître : « Si pitit' yche moin pa lé fait dodo ». Nous remarquerons dans la première, l'emploi du mode mineur, l'absence de contretemps et de syncopes, le choix des formules rythmiques européennes. Leur agencement traduisant la douleur, l'agitation de la mère, tandis que la mélodie exprime une tendresse voilée de tristesse. Plus important, elle est parfaitement synchronisée avec le bercement régulier des bras de la maman.

« Quant pitit' en moin »

Transcrit par l'auteur

« Quand pitit' en moin ka mandé moin tété
moin kallé ba li mangé matété
Pitit' dodo, papa coqué
Cé manman toute seul' qui dans l'embarras. »

Traduction :

« Quand mon enfant me demande le sein
Je ne peux lui donner que de la bouillie.
Petit, fais dodo ton père t'a conçu
C'est maman tout seule qui est dans l'embarras. »

Cette même berceuse maintenant chantée pour l'enfant d'un colon. Un refrain apparaît, le rythme rapide au début devient plus lent au fur et à mesure que l'enfant s'endort ; la césure mélodique correspond aux balancements des berceuses, ces sièges basculants qui faisaient partie de tout mobilier colonial, dans lesquels des « das » de la Martinique ou « mabos » de la Guadeloupe, c'est-à-dire l'esclave qui avait la charge des enfants en bas âge, s'asseyaient et chantaient.

64

I

Si mon petit me demande à boire
Je m'en vais lui donner le sein
Si mon petit ne veut pas faire dodo
Il me fera appeler le gros chat.

II

Si ma petite fille fait la méchante
Je vais appeler le gros chat
Un gros chat méchant, qui se cache dans les bois
Il prendra ma petite fille et la mangera.

III

Le petit « Jésus » qui est couché dans la paille est joli
Avec les deux petits anges qui le surveillent
La petite fille à sa da Amantine
Qui ne laissera pas les maringuoins la piquer.

Refrain

Dodo mon enfant, mon enfant dormira tantôt.
Dodo mon enfant, mon enfant dormira bientôt.

La complainte. Après le rythme, la tristesse des chants frappe les auditeurs. Ici la mélancolie est encore renforcée par la régularité des formules mélodiques des couplets, par les durées des notes correspondant aux cris : manman, papa, des refrains. On pourrait penser que le plain-chant en fut la source d'inspiration.

« POVRE ESCLAVE ! »
(Folklore)

Transcription de Victor CORIDUN

1er COUPLET

Dépi nous né... nous cé esclave
Dépi nous né... nous à la chain'n
Pas ni la joie... pas ni ayin
Ku lan mise epi travail (bis).

2e COUPLET

Yo ven'n manman moin pou vingt francs
Yo ven'n papa moin vingt-cinq francs
Tit chien o qui ainmin moin' a
Yo ven'n li epi yche moin' a (bis).

3e COUPLET

Mussieu Bon Dieu pou qui ou te ça
Ou mété maitre épi esclave
Ba nous la liberté souplé
Pou nous pas mò en bas fouetté la

REFRAIN

Manman chain'n la lou
Papa chain'n la lou
Manman chain'n la lou
I ka pésé cinq cents kilos (bis).

Ça, c'est la Martinique de Léona Gabriel Soïme, p. 97

Depuis notre naissance nous sommes esclaves
Depuis notre naissance nous sommes à la chaîne
Il n'y a ni joie ni rien d'autre
Que la misère et le travail.

Ils ont vendu ma mère pour 25 francs
Ils ont vendu mon père pour 25 francs
Le petit chien qui m'aimait,
Ils l'ont vendu avec mon enfant.

Monsieur Bondieu pourquoi as-tu fais cela ?
Tu as mis les maîtres et les esclaves
Donne-nous la liberté s'il te plaît
Pour que nous ne mourrions pas sous le fouet.

Refrain

Maman la chaîne est lourde
Papa la chaîne est lourde
Maman la chaîne est lourde
Elle pèse cinq cents kilos.

Les villes étant avant tout des cités portuaires, on ne peut parler des cités et passer sous silence les chants de ceux qui animent les quais : les arrimeurs de boucauts et les fendeurs de bois de campêche qui pourvoyaient les bateaux en énergie. Ce sont les seuls à avoir conservé intact les bel airs de métiers de tradition africaine. Écoutons un chant d'arrimeur : « Assez Causé ! assez parlé ! ».

AS SEZ CAU SE ___ AS SEZ PA LE ___ AS SEZ CAU SE AS SEZ PA LE' TI GA ÇO ___ on TI ou COU I LA NI TO ___ OP TI GA ÇO ___ on TI MOU TO ___ VOUS TNI ___ FA TI GUÉ TO ___ OP TI GA ÇO ___ ON TI MOU TO ___ ON PA PA MOU TON MAN MAN MOU TON ON AL LA WA AY yoH! HO HO ___ O VIR Bou CA ___ UT

Chanson des îles de Armand Hayet, éd. Denoël, Paris, 1937

Assez causer, assez parler
Assez causer, assez parler petit garçon
Toi tu as couru la nuit
Top' petit garçon
Petit mouton.
Tu es fatigué
Top' petit garçon
Petit mouton
Papa mouton
Maman mouton
Allawaay yoh ! ho ho
Virez le boucaut

Les danses. Est-ce un effet du hasard ? Pour exprimer ses angoisses, ses nouveaux péchés, l'esclave danse sur les rythmes du calenda. Les chants de ses danses sont à la fois satiriques, persifleurs et douloureux, jonchés de silences, de contretemps auxquels le chanteur ajoute des accents circonstanciés.

« Marie-Clémence » et « Manzè Joséphine » mettent en lumière la complexité des problèmes affectifs qui sont son quotidien : amours passagères, les visites chez les « gadé z'affais » (marabouts), leurs malheurs.

Marie-Clémence

« MARIE-CLEMENCE » (Biguine)

(Folklore)

Transcription de Victor CORIDUN

1ᵉʳ COUPLET

Marie-Clémence lève en samedi bon matin
I dit la journée belle... mais au soué ké plus belle
Samedi de carnaval, moin caille « Palais Cristal »
Moin ké fé « Ciryque » oué, ça yo dit a pas vrai

2ᵉ COUPLET

Les ennemis declare moin ce en femme maudit,
Yo prend papillon a, yo brûlé tout' tète li
Le lendemain matin ouèlé la rue Dauphine
Marie-Clémence lévé, épi guiol li brûlé

3ᵉ COUPLET

Marie-Clémence ma fi, ça ou fé' a pas bien
Ou tounin papillon, pou ou té ça tué sœu' ou
Cyrique té ka veillé, i tiembé ou en volant
Seule chose ou ni pou ou fé, fouté cô ou dans lan mè

4ᵉ COUPLET

Marie-Clémence maudit... tout' bagage li maudit,
Macadam li maudit... patate bouilli' i maudit,
Marie-Clémence maudit, tout bagage li maudit,
Macadam li maudit... patate bouilli' i maudit.

REFRAIN

Ouaille ! lagué moin, lague moin, lagué moin
Moin caille nèyé cô moin
Dans grand lan mè bleu' a
Deyé gros pile roches là (bis)

Ça c'est la Martinique de Léona Gabriel Soïme, p. 97

Traduction

Marie Clémence s'est levée un samedi matin
Elle a dit la journée est belle mais ce soir il fera plus beau
Ce samedi de carnaval j'irai au « Palais de cristal »
Je ferai voir à Cyrique que ce que l'on dit n'est pas vrai.

II

Les ennemis ont déclaré que je suis une femme maudite
Ils ont pris le papillon et lui ont brûlé la tête
Le lendemain ouèlélé à la rue Dauphine
Marie Clémence s'est levée avec la geule brûlée

68

III

Marie Clémence ma fille, tu as bien fait
Tu t'es changée en papillon pour tuer ta sœur
Cyrique te surveillait, il t'a tenue au passage
Tu n'as qu'une chose à faire : vas te jeter à la mer

IV

Marie Clémence est maudite, toutes ses affaires sont maudites (bis)
Son macadame est maudit, sa patate bouillie est maudite

Refrain

Ouaille, lachez moin, lachez moi, lachez moi
Je vais me noyer
Dans la grande mer bleue
Derrière le tas de roches.

« MANZE JOSEPHINE »
(Folklore)

Transcription de Victor CORDUN.

1ʳ COUPLET

Là rue Dauphine ni en la cou
Dans la cou a ni en vié case
Cé la case manzè Joséphine
Tireuse de cartes, machan'ne mabi
En tit coq dgim'm)marré pa patte
Dèpi l'Angélus ka sonne
Kapété en cocorico
Qui ka réveillé tout' la rue' a.

1ʳ REFRAIN

Manze Joséphine... tit coq' là
Qui dans la cour' a, chè !
Manze Joséphine... tit coq' là
Qui dans la cour' a
Moin déjà ni beu epi saindoux
Poivre epi l'ail pou moin ça roussi coq' là (bis)

2ᵉ COUPLET

Pè Léopold déclaré nous
Mes amis, faut z'ott couté moin
Piss grand toujou montré pitit
Pas man-yin coq Joséphine' là
Si la jounin cé en tit coq
Lan nuit, ce en chouval à z'ailes
Cé li Joséphine ka monté
Pou i aille trouvé mussieu « Satan »

2ᵉ REFRAIN

Manzè Joséphine... tit coq' là
Qui dans la cou' la, chè !
Manze Joséphine toute la ville Saint-Pierre con'nait' ça
Tit coq' là cé Belzébuth, fè i disparaitre
Pou nous pas brûlé coq' là (bis)

Ça, c'est la Martinique de Léona Gabriel Soïme, p. 28

69

Traduction :

Dans la rue Dauphine il y a un quartier de noirs
Dans ce quartier il y a une vieille case
C'est la case de mademoiselle Joséphine
Tireuse de cartes, marchande de mabi,
Un petit cop attaché à une patte.
Dès que sonne l'angélus
Il scande un cocorico
Qui réveille toute la rue.

Refrain

Mademoiselle, le petit coq
Qui est dans la cour, chère
Mademoiselle le petit coq
Qui est dans la cour
J'ai déjà du beurre et du saindoux
Du poivre et de l'ail pour faire roussir le coq.

II

Père Léopold m'a déclaré :
« Mes amis, il vous faut m'écouter
Puisque les grands sont les éducateurs des petits
Ne touchez pas au coq de Joséphine
Si la journée c'est un petit coq
La nuit c'est un cheval à ailes
C'est lui que prend mademoiselle Joséphine
Pour aller rencontrer monsieur Satan. »

Refrain

Mademoiselle Joséphine, le petit coq
Qui est dans la cour, chère.
Mademoiselle Joséphine, toute la ville de Saint-Pierre sait
Le petit coq, c'est Belzébuth. Fais-le disparaître.
Avant que nous ne le brûlions. »

La danse suivante est calquée sur les mélodies françaises. Ce chant a le balancement de la valse, remarquons les trois rythmes différents à trois temps bien qu'elle soit écrite à deux temps :

Toc, Toc, Toc.

Chanson des îles de Armand Hayet, éd. Denoël, Paris, 1937, p. 163

Toc toc toc ca ki là
Cé moin lammou
Ouvè la pote ba moin
Toc toc toc ca ki là
Cé moins mimm l ammou
Ban moins ti bonjour
Dodo piti ich moué
Dodo la dans boua moins
Papa cé on canaill'
Li pas ka payé moins

Toc toc toc qui est là
C'est moi mon amour
Ouvre-moi la porte
Toc toc toc qui est là
C'est moi mon amour
Je suis venu te dire bonjour
Fais dodo mon petit enfant
Fais dodo dans mes bras
Ton père est une canaille
Il ne m'a pas payé

Seule a 10 heures di soué	Je suis seule. Il est 10 h du soir
Li ka laissé moin dèhos	Il me laisse dehors
Pitit moin dans boua moin	Avec mon petit dans les bras
Paillass' la sou do moin	Ma paillasse sur le dos
L'anmou abandonné moin	L'amour m'a abandonné
Et moins pas ni pesonn'	Je n'ai plus personne (bis)
Pou consolé moin	Pour me consoler

Les sociétés de distraction. La surveillance des danses du dimanche sont nous l'avons dît les principales activités des sociétés de distraction. La tâche des rois et reines est délicate car ils doivent veiller à ce que leurs sujets n'exécutent que des danses pudiques. Les missionnaires et la milice ont bon œil. Les bamboulas ne les intéressent plus guère. Ils n'ont qu'un désir, faire comme leurs maîtres : organiser des bals. Mais la modestie de leurs revenus ne le leur permet pas. Aussi le font-ils par l'intermédiaire de leurs sociétés.

Si le code noir leur accorde le droit de danser le dimanche, il ne leur accorde pas celui d'organiser des bals. Des dérogations seront faites toutes les fois où les rois ou reines en demanderont l'autorisation au lieutenant de police de leur ville puisqu'ils étaient responsables de la tenue des bals. Cependant les infractions sont nombreuses, car des arrêtés interdisant les calendas sont régulièrement promulgués. En effet, certains sociétaires respectueux des engagements pris par leurs présidents ne dansaient que les menuets, passe-pieds, branles et contredanses ; les malicieux ne dansaient que les danses créoles, les fandangos, chicas, tarentelles, etc., d'autres attendaient la fin des bals pour danser le calenda, et ils s'y donnaient à cœur joie. Toutes ces défenses divisaient le monde noir. Les esclaves se jugaient à leurs bals.

Le carnaval. Le carnaval, tradition populaire devenue chrétienne fut transporté aux colonies. Les fêtes débutaient le dimanche après l'Épiphanie, se poursuivaient tous les dimanches et se clôturaient avec les jours gras. Pendant cette période tous les esclaves défilaient masqués. Les nations, chacune avec ses emblèmes, ses rythmes, ses costumes, ses danses, se mêlaient aux colons et gens de couleur. Mais alors que les colons s'amusaient, les esclaves renouaient avec leurs traditions cultuelles. Il faut savoir qu'en Afrique, lorsque les masques sortent dans les rues, les habitants les disent symboliquement incarnés et investis de pouvoirs. Malgré les enseignements de l'Église, ces traditions continuent. Les noirs très respectueux de leurs Ancêtres avaient bien soin de transmettre à leurs enfants le signifiant des masques, qu'ils craignaient et respectaient à la fois. En effet, ils sont les protecteurs de la communauté, ils délimitent les frontières du bien et du mal, et sont garants des institutions. Les esclaves, pénétrés du sens réel de leurs chants et de leurs interventions se sentaient concernés car ces masques dénonçaient les trahisons, les manquements à l'ordre moral et surtout prononçaient la sentence divine. L'on peut se demander où commençait le culte et où s'arrêtait le divertissement ?

Ce défilé des nations costumées attirait les colons et visiteurs qui suivaient éblouis, tandis que la population attendait avec anxiété.

« CELESTIN ! ROI DIABLE DERO » (Biguine)

(Folklore)

Transcription de Victor CORIDUN

1er COUPLET

En vérité, paroles d'honneur
Bagage ta la fé moin la pein'n
En vérité, malédiction !
Bagage ta la brisé cœu moin (bis).

2e COUPLET

Si moin té peu tounin diable a sou la té,
Si moin té peu tounin Satan a sou la té,
Si moin té diable a sou la té,
Moin cé ferré gros Célestin (bis).

REFRAIN

Mon Dieu oh ! Seigneu oh !
Célestin roi diable derô (bis).

Ça c'est la Martinique de Léona Gabriel Soïme, p. 111

Traduction :

En vérité sur l'honneur
Ceci m'a peiné
En vérité malédiction
Ceci m'a brisé le cœur

II

Si je pouvais me changer en diable
Si je pouvais me changer en satan sur terre
Si j'étais diable sur la terre
J'aurais mis des fers au gros Célestin

Refrain

Mon Dieu oh ! Seigneur !
Célestin le roi des diables est dehors.

Ces paroles bien que datant du XIXe siècle étayent notre propos, car elles correspondent aux signifié et signifiant cultuels des masques. Ce chant pourrait très bien, si l'on s'en tient à la tradition qui veut que l'on conserve la mélodie et que l'on y adapte les nouvelles paroles, avoir traversé les ans.

Nous achèverons la musique des esclaves citadins en parlant des cabarets. Leur rôle fut si important que l'on peut avancer sans se méprendre, qu'ils furent les écoles de nos musiciens créoles.

La musique des cabarets. Les cabarets étaient les lieux de rencontre

73

d'une faune pour le moins hétéroclite ; marins, soldats, nègres marrons, affranchis, corsaires, flibustiers, femmes de petite vertu en faisaient le siège permanent. La musique tenait lieu de conversation pour beaucoup. Tandis que certains jouaient et buvaient, souvent avec excès d'autres dansaient et chantaient. Tout était source d'inspiration : les récits de voyage, d'abordage, de bataille, les événements quotidiens, les souvenirs, les règlements de compte, les railleries, les colères, les amours de passage. La mobilité de cette clientèle cosmopolite et l'activité des ports, plus particulièrement celui de Saint-Pierre permirent un apport et un échange de musiques les plus diverses où musiques traditionnelles, chansons marinières s'entremêlent où les improvisations jaillissent. Les musiciens des cabarets pierrotins feront école. Ils entraînent dans leur mouvance les musiciens des bals et les citadins qui viennent les écouter. Ainsi les propriétaires de cabarets, permettent à la musique créole de se développer, car tous les éléments se trouvent heureusement réunis pour en favoriser l'expression : spontanéité, vécu collectif, liberté d'expression, rencontre des hommes et des musiques différentes. Ils conserveront leur renommée jusqu'à la disparition de la ville par l'éruption de la montagne Pelée en 1902.

LA MUSIQUE DANS L'ACTION MISSIONNAIRE

Nous l'avons dit, les Jésuites et les Dominicains ont en charge la catéchisation des esclaves. Celle-ci passant par l'acculturation, est faite dans un climat serein et paternaliste, ils la veulent consentie. Mais les initiatives pastorales provoquant des conflits entre missionnaires gouverneurs et colons, les missionnaires poursuivent leur action avec la plus grande discrétion. Ce qui nous amène à interpréter leur silence comme de la prudence. Ils ne veulent ni envenimer les divergences, ni provoquer les sanctions dont l'issue à l'époque n'était autre que l'expulsion infiniment préjudiciable à leur mission :

Colonies,
à Paris ce 29 novembre 1753.
Le P. Defaey

Monseigneur,

En conséquence de la lettre que votre Grandeur me fit l'honneur de m'écrire le 29 décembre de l'année dernière, au sujet d'une confrérie de nègres qu'on voulait établir à la Guadeloupe, j'avais écrit au supérieur de nos missions des îles du vent, qu'un pareil établissement était tout à fait contraire aux intentions de sa Majesté, et qu'ils eussent grand soin de défendre aux missionnaires qui étaient sous leur conduite, de faire aucune assemblée d'esclaves sous quelque prétexte que ce put être, et leur en avais fais sentir les funestes inconvéniens qui pouvaient en résulter. Leur réponse à mes lettres me fit connaître leur soumission...

Le très humble et le très obéissant serviteur
D. Devaey de la Compagnie de Jésus

74

Jusqu'à leur départ en 1763, les Jésuites continuent à former des jeunes choristes en les choisissant parmi les esclaves travaillant sur leurs habitations. Ils les font chanter dans leurs paroisses les messes parisiennes. Ainsi le voulait leur conception de l'évangélisation. Conception que nous retrouvons dans toutes leurs missions, de la Chine au Pérou en passant par le Mexique. Ils devaient la réussite de leur action musicale, à leur longue expérience de pédagogues et à leur pluridisciplinarité. Les plus grands compositeurs de France : Delalande, Marc Antoine Charpentier avaient été leurs maîtres. Norbert Dufourcq écrit à propos de Marc Antoine Charpentier :

« Il entre chez les Jésuites de la rue Saint-Antoine comme maître de musique. Il lui est alors donné de déployer toute son activité. A l'exemple de son ancien maître Carissimi (lui-même maître de musique des Jésuites à Rome) il doit satisfaire aux exigences d'un chapelle dont le faste des cérémonies attirait surtout aux jours de fêtes, un public nombreux et zélé [44]. »

Les jésuites voudront partout déployer ce même faste qui seul, pouvait convenir à la grandeur de Dieu. Pour y concourir, ils se fixent dans toutes leurs missions le même but : la contemporanéité. Ils y parviennent car leurs principes leur imposent une mise à jour constante des dernières nouveautés : scientifiques, littéraires, musicales, etc. Ils se font à cet égard, régulièrement envoyé les journaux, partitions, brochures les plus marquants.

Si les retards dans l'application des lois et décrets sont légendaires, aux colonies, il n'en est rien pour ce qui est de toute opération de prestige. Nous l'avons vu à propos de la mongolfière et du théâtre, les missionnaires ont la même ambition. Dans ce contexte, il est permis de penser que les messes de Haydn, Delalande, Marc Antoine Charpentier pouvaient être chantées lors des messes solennelles, car une messe intitulée, « Messe à l'usage des nègres » fut découverte par le docteur Chatillon en 1980, son impression date de 1763. Elle fut entièrement écrite par les Jésuites sur des airs populaires français. Bien que destiné aux esclaves de Cayenne, ce document est précieux, car les Jésuites observaient, nous l'avons dit, la même pratique dans toutes leurs missions.

Nous avons reconstitué grâce à l'indication des airs et à l'intervention de MM. Pichonnet Andral et Marcel Dubois quelques parties. Nous vous proposons le Credo.

CREDO. Air : Au bord d'un clair ruisseau.

(Chansonnier Français. 1er recueil N° 75)

Tout l'accent est mis sur la foi tranquille et profonde qui doit animer le fidèle. Nous remarquerons la préciosité de cette pièce.

Je crois que, mort en croix,
Expiant notre crime,
Cette Sainte Victime
Sortit trois jours après
Du tombeau, triomphant,
Pour venir, plein de gloire,
Juger, il faut le croire,
Les morts et les vivants.

Je crois au Saint Esprit,
Une Eglise, un Baptême,
Reçu, cimenté même
Du sang de Jésus Christ.
Je crois non sans frémir
L'instant épouvantable
Le jour inévitable
Des siècles à venir

Chapitre 3

La première abolition de l'esclavage
La période révolutionnaire française
1789-1802

DONNÉES HISTORIQUES

Jusqu'en 1793, les colons restent les maîtres de l'Assemblée coloniale, mais ils se divisent sur l'application des lois du nouveau gouvernement de Louis XVI... Les grands propriétaires terriens fidèles à la Monarchie se rangent sous l'étiquette de « Planteurs », les autres voulant tirer parti de la situation, se déclarent fidèles au roi et prennent le nom de « Patriotes ».

Le décret du 4 avril 1792 restituant aux libres et gens de couleur les mêmes droits que les colons, change le cours des événements : la républicanisation s'engage, les révoltes s'intensifient et les Anglais profitent de la faiblesse du gouvernement et des dissensions coloniales pour attaquer les îles en 1794.

La Convention dépêche alors 1 500 hommes de troupes qui libèrent la Guadeloupe. L'esclavage y est aboli. Les Planteurs de la Martinique eux, s'opposent à la libération de leur île, ils choisissent de rester occupés et maintiennent ainsi la politique de l'Ancien Régime.

Tous ces événements sont accompagnés de chants patriotiques, politiques et guerriers. Nous avons choisi de vous les faire vivre à travers eux.

L'HISTOIRE ET LA MUSIQUE

Jusqu'en 1793 les versions révolutionnaires de « La Carmagnole » du « Ça ira », sont interdites aux colonies, ce qui n'empêche nullement les Patriotes de se mettre au diapason et de relater les événements sur ces timbres. Mais les Planteurs ne peuvent empêcher ni les fêtes civiles ni surtout le drapeau tricolore. Dans un premier temps ce sont eux qui cristallisent les dissensions, car dans toutes les communes les femmes des Patriotes s'empressent d'en confectionner pour les mairies et les forts. Elles organisent avec les curés les cérémonies de bénédiction, dont la première a lieu à Saint-Pierre les 26 et 27 Septembre 1789 accompagnée du Te Deum et de la musique militaire de Louis XVI. Il en est de même à la Guadeloupe, où la première bénédiction a lieu non pas à Basse-Terre, les Planteurs tiennent la ville en main, mais au Moule. Puis « ce ne furent dans toutes (les) villes, (les) bourgs et (les) campagnes que fêtes, Te Deum, bals publics, feux d'artifices... ».

Après c'est au tour du décret du 4 avril à provoquer la mésentente. Les Planteurs voulant rester maîtres des îles, choisissent de l'appliquer. Ces mésintelligences entre colons inquiètent l'Assemblée législative. Elle envoie 3 représentants pour gouverner les îles. Les Planteurs les repoussent à coups de canon. Puis apprenant que dans le convoi se trouve de l'or, ils décident d'arraisonner la gabarre qui le convoyait. L'arraisonnement échoue. Alors les Patriotes sur l'air de « La Carmagnole » composent :

> « L'Épinard, Laugier et Rousseau
> Embarqués sur la Calypso
> Pour piller Rochambeau
> La gabarre et Collot.
> Dansons la Carmagnole...
>
> Où va donc Dey notre ami ?
> pas n'est de prise à faire ici.
> Nous le régalerons
> A coups de bâtons.
> Dansons la Carmagnole... [1]. »

Ce sont l'hymne des Marseillais et les plantations des arbres de la liberté qui mettront fin à l'hégémonie des Planteurs en janvier 1793, du moins à la Guadeloupe. Il deviendra l'hymne officiel de cette île. Mais l'idylle entre gens de couleur et Planteurs est de courte durée, et Planteurs et Patriotes continuent à s'opposer. Les anglais en profitent et attaquent les colonies. Le God Save the King s'impose à toutes les musiques officielles, royalistes et républicaines.

A la Guadeloupe l'occupation ne dure que quelques mois... Les Patriotes de la Grande-Terre favorisent le débarquement des trois commissaires et des mille quatre cents hommes de troupes envoyés par la Convention avec pour mission de libérer les îles et d'appliquer le décret de l'abolition de l'esclavage. Sitôt débarqués, l'un des trois commissaires, Victor Hugues, astucieusement proclame l'abolition, et enrôle les ci-devants esclaves qui deviennent les « sans-culottes » noires. Fort de son armée renforcée des sans-culottes et des patriotes, il se lance à l'assaut des Anglais aux chants de la « Marseillaise », du « Ça ira », du « Chant du départ » et de tous les chants de guerre contre les Anglais, Dieu seul sait s'ils sont nombreux tels :

« Les anglais ne prendront pas

La Tour de Saint-Nicolas [2]. »

Le 11 décembre 1794 les Anglais sont vaincus, le drapeau tricolore est hissé pendant que trompettes et soldats chantent la Marseillaise. Les historiens précisent que les couplets préférés des coloniaux étaient les trois derniers.

Cet hymne désormais prend la place de la musique royale, il n'est plus question de Te Deum ; les églises sont désaffectées et les biens du clergé confisqués. Une nouvelle floraison d'arbres de la liberté commence dans toute l'île dont la première célébration a lieu à Basse-Terre, présidée par le nouveau gouverneur, Victor Hugues.

La Guadeloupe délivrée, les anciens esclaves, les « cultivateurs », deviennent des héros et sont pris en considération au même titre que les Patriotes. La Terreur s'installe, les Planteurs sont guillotinés aux rythmes des tambours rivalisant avec la « Marseillaise », des différentes versions du « Ça ira » et de la « Carmagnole ».

Les chants d'ateliers ne servent plus qu'à la danse. Les ateliers sont désertés, les villes, les places publiques et les cabarets assiégés. Le calenda reconquiert sa place et puisque la mode est aux changements, changement de statut, changement de régime, changement d'affectation, puisqu'on débaptise les rues, les places publiques, les villes, les calendriers, on débaptise aussi le calenda. Il devient la biguine, nom que répandent les corsaires de l'époque.

En effet, harcelant les Anglais, ils quittent la Martinique et installent leurs quartiers en Grande-Terre. Leurs retours et leurs victoires sont célébrés par de grands festins qu'égayent de leurs chants leurs équipages noirs. Puis ils se racontent leurs abordages en fumant la pipe, et terminent leurs soirées en invitant leurs hommes à danser le calenda ou encore la *biguine* qui les embéguinait tous. Nous trouvons le mot de biguine mentionné pour la première fois par M. de Laroncière dans son livre « Victor Hugues le conventionnel ». Beaucoup d'auteurs pensent qu'il viendrait du verbe embéguiner. En effet, en nous plaçant dans le contexte politique et social de l'époque, cette proposition se justifie. La question qui se pose est de savoir pourquoi béguin est devenu biguine. Nous pensons que cette appellation serait due aux anglais : la Martinique ne connaît ni le régime de la République, ni surtout celui de la Terreur. Les colons sont puissants, la vie sociale est aux futilités et la mode à l'anglomanie. Les bals sont nombreux et le menuet congo, le béguin des colons, devient le béguin des anglais, qui en le prononçant disent biguine. Les amphitrions ne voulant pas déplaire à leurs protecteurs et invités, adoptent cette prononciation, le menuet congo, c'est-à-dire le calenda européanisé, prend le nom de biguine. Les esclaves l'adoptent à leur tour. Nos recherches nous ont livré un bel air associant les deux mots, nous vous le communiquons :

Chansons des îles de A. Hayet, p. 179

Nous traduisons :

« Regardez, regardez, regardez,
Comme il est beau le gros monsieur
Regardez...
Comme il est beau le gros Zido.

Ah ! Ah ! Ah !
Dansez la biguine,
Ah ! Ah ! Ah !
Dansez le calenda,
Ah ! Ah ! Ah !
Toujours comme ça [3]. »

Revenons à nos événements de la Guadeloupe qui elle est républicaine. L'euphorie créée par les plantations des arbres de la liberté est vite troublée par la réalité économique. Les vivres manquent, il faut se mettre à la culture, or les Noirs sont maintenant libres, libres de travailler ou pas. Ils choisissent la deuxième solution. La situation devient critique. Victor Hugues alors fait composer sur l'air de la « Marseillaise » un hymne à l'agriculture qui remplace la prière du matin. En effet, avant le départ pour les champs ou les ateliers, les contremaîtres réunissent les cultivateurs et tous chantent :

II

« Être infini que l'homme adore
Sous des noms, des cultes divers
Entends d'un peuple qui t'adore
Les vœux et les pieux concerts (bis)
Que toute la terre fléchisse
Devant Ta Sainte volonté
Nous espérons en ta bonté
Même en redoutant ta justice.

En faisant l'homme à ton image
Tu le fis libre comme toi
Vouloir le mettre en esclavage
C'est donc attenter à ta loi (bis)
Dieu vengeur, défends ton ouvrage
Des entreprises des tyrans :
Tous les hommes... sont tes enfants
Toi seul tu mérites leur hommage

Brise partout les fers
De la captivité
Dieu bon, Dieu bon
Donne aux mortels
La paix la liberté

III

Approchez enfants de tous âges
Jeunes filles, venez aussi,
Venez présenter votre hommage
A Dieu qui vous rassemble ici (bis)
D'une bouche innocente et pure
Demandez-lui que ses bienfaits
S'étendent sur tous les Français
Comme sur toute la nature.

IV

Dieu créateur, suprême essence
Le ciel plein de ta Majesté
Le ciel atteste ta puissance
Le ciel atteste ta bonté
Des astres les disques sont sublimes
Roulent sous tes pieds glorieux
Et les éclairs de tes cent yeux
Percent le plus profond des abîmes [4]. »

Mais Dieu resta sourd aux vœux du gouverneur, d'autant que celui-ci l'avait chassé de ses temples. C'était la loi du Talion ! Quant à l'Ecouze, le dieu paysan, il demeure insensible à cet hymne emphatique, peu habitué qu'il est à ce style, et les campagnes restent désertes. Le gouverneur suivant, décide de rémunérer les cultivateurs.

Est-ce par dérision ? Un colon juge à propos de composer un nouvel hymne au travail :

« Allons enfants de la Guinée
Le jour du Travail est arrivé
Ah ! telle est notre destinée
Au jardin avant soleil levé (bis)
C'est ainsi que la loi l'ordonne
Soumettons nous à son décret (bis)
Pour mériter ce qu'on nous donne.

Refrain

A la houe citoyens
Formez vos bataillons
Fouillons, fouillons avec ardeur
Faisons de bons sillons [5]. »

Les Cultivateurs ne se laissent pas convaincre. A la houe, ils préfèrent la mer ou l'oisiveté. La mer parce que les corsaires leur assurent de l'action et une partie du butin pris à l'ennemi, l'oisiveté parce qu'elle leur permet enfin, de jouir à leur tour, de leurs tout récents droits. Ils veulent danser, chanter leur liberté comme le bon peuple de France. Ne chantait-il pas dans les rues, sur les places publiques et même dans les théâtres ? Pourquoi cela leur était défendu ? La Convention ne faisait-elle pas chanter dans « l'Évangile Républicain » que le peuple était le « seul souverain », que « tous les peuples enchaînés se devaient de briser leurs fers » ? :

« Vous pour qui la liberté brille,
Peuples épars de l'Univers
Ne formez plus qu'une famille
Levez-vous et brisez vos fers.

II

Brisez les faux dieux de la terre
Dont le cœur est triplé d'airain
Au peuple appartient le tonnerre,
Le peuple est le seul souverain [6]. »

Ne jouait-on pas à l'Opéra de Paris « Le Triomphe de la République » ou « Le Grand Pré » ? Un divertissement dans la cinquième scène duquel les Nègres sont compris au nombre des peuples opprimés, (la septième danse les met en scène sur une chorégraphie de Gardel). Ce même Gardel qui quelques années plus tôt les faisait danser au théâtre de Saint-Pierre. On composait de nombreux hymnes en leur honneur tel : « La Liberté des Nègres », dans lesquels on chantait :

« Américains, l'Égalité
Vous propose aujourd'hui nos frères
Vous aurez à la liberté
Les mêmes droits héréditaires.

....
La couleur tombe et l'homme reste.

Eux aussi se mettent à composer dans le même esprit : « Chant d'une négresse sur le berceau de son fils » 1794.

II

Quoi libre dès ton aurore
Mon fils quel destin plus beau
De l'étendard tricolore
Je veux parer ton berceau
Que cet astre tutélaire
Brille à tes regards naissants,
Qu'il échauffe ta carrière
Même au déclin de tes ans.

III

En ton nom à la patrie
Je jure fidélité
Tu ne me dois que la vie
Tu lui dois la liberté
Sous le ciel qui t'a vu naître
Rétabli dans tous tes droits
Tu ne connaîtras de maîtres
Que la nature et ses lois.

IV

Dieu puissant, à l'Amérique
ta main donna des vengeurs
Répand sur la République
Tes immortelles faveurs

Fais dans les deux hémisphères
Que ses appuis triomphants
Forment un peuple de frères
Puisqu'ils sont tes enfants [7].

Il faut savoir que l'action politique culturelle de la Convention aujourd'hui oubliée, avait des effets psychologiques ponctuels sur la population, car les clubs patriotiques servaient de relais entre la Métropole et les colonies, et les chants à la gloire des anciens esclaves et des gens de couleur, exécutés dans les théâtres parisiens généraient un esprit de revendications qui ne pouvait être combattu ouvertement par les représentants de ce même gouvernement. En effet, il n'y avait pas qu'à l'opéra que l'on jouait « le Triomphe de la République », dans les différents théâtres : Feydeau, Vaudeville, le Marais, les artistes exécutaient, même si c'est avec réticence pour certains, des hymnes, ceci avant le lever « de la toile » et entre les pièces. Nous avons retenu, extrait des *Couplets Patriotiques* par un sans-culotte de la Section du Nord, sur l'air des « Visitandines » de Devienne :

« Honneur à l'immortel génie
Qui préside au destin des francs !
Gloire éternelle à ma patrie
Salut à ces nouveaux enfants
Délivrés d'un joug tyrannique
Le noir voit un terme à ses maux.
Vieilli sous le fouet des bourreaux
Il renaît pour la République [8]. »

Les gens de couleur ne sont pas oubliés. Langlé leur dédie cette romance : « Ô toi qui termines nos peines » :

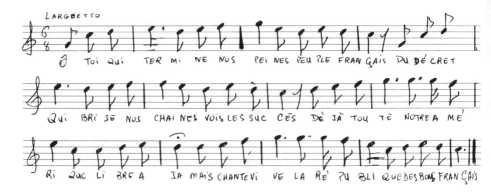

Le théâtre du Vaudeville fait jouer « Le Nègre Aubergiste » et « La Réunion du Blanc et du Noir » est chanté à la suite du spectacle.

Les gens de couleur aussi célèbrent leur victoire.

Les Noirs installés dans les villes, passent leur temps à danser, « le grage » et « le roulé » qu'ils dansaient après la fabrication de la farine de manioc et des cassaves. Le *grage* nous dit M.E. Descourtilz, « est une modification de la danse chica » [11], c'est-à-dire du calenda créolisé. Le *roulé* est une sorte de valse au tambour. C'est une danse mimétique, elle reproduit les mouvements de rotation des esclaves qui, armés d'un long rateau de bois, faisaient cuire la farine de manioc en faisant de grands mouvements circulaires pour l'empêcher de brûler.

La crise économique est donc totale, et les Anglais toujours à l'affût, font courir le bruit que la Guadeloupe est à la veille d'une guerre civile. Napoléon pour éviter une nouvelle occupation et pour rétablir l'ordre, dépêche le général Richepanse à la tête de trois mille hommes de troupes avec en plus le décret du rétablissement de l'esclavage.

Dans les événements qui vont suivre, la musique joue un rôle déterminant : l'île est dirigée par deux officiers antillais, Delgrès et Pélage. Le général arrive à Pointe-à-Pitre, où se trouve Pélage. Il est reçu par la musique coloniale qui interprète : « Où peut-on être mieux qu'au sein de sa famille [12] ? » Le choix de l'air lui paraît être une offense ; il donne à l'embarcation dans laquelle il avait pris place, l'ordre de faire demi-tour. Il fait descendre ses troupes, renvoie la musique coloniale « avec ignominie et brutalité » [12].

Ces incidents confortent dans ses convictions Delgrès qui se trouvait à Basse-Terre. Il se mutine. Pélage qui a le souci de l'obéissance, le somme de se rendre. Il refuse. Richepanse en compagnie de Pélage lui livre bataille. Les troupes de Richepanse se battent aux chants de la

L'UNION AMÉRICAINE

Produit par la Liberté Française,
Par la Cne Dubois.

Air je suis le Maitre de Choisir
Chez le Cn Coulubrier Cloitre St Germain l'Auxerrois

Réjouissons nous américain de ce Décret si
salutaire ha nous le sentons tous enfin ils nous re ti re
de la misère ils nous re ti re de la mise re es
clave pauvre infortuné nous voila mis en Liberté pour
nous elle commence a paroitre Amis pour bien nous
l'assuré ils nous falloit ils nous fal
loit ce Décret de nos manda tai re ce
Décret de nos manda tai re ce Décret
de nos man da lai re

Quel tyrannie l'on exercait
Sur nous avant notre naissance
L'homme riche nous achetoient
Et nous prenoits dès notre Enfance (Bis)
De peres et meres toujours privé
Nous ne pouvions en outre aune
Nous ne vivions que d'esclavage
Pour connaitre la Liberté
Ils nous falloit (Bis) ce Décret sage (Bis)

3
Nous jouirons de tous nos droits
Le voil est enfin dechiré
Des conducteurs barbare et froide
Nous ne serons plus maltraitée (Bis)
Nous chérirons la Liberté
L'Egalité Fraternité
Nous ne voulons plus d'Esclavage
Pour connaitre la Liberté
Ils nous falloit (Bis) ce Décret sage (Bis)

4
O mon Epouse O mon amie
Je vivré avec toi sans crainte
De te voir a mes yeux vivre
Méme souvent étant en ceinte (Bis)
Nos Enfants nous faut élevé
Dans l'amour de la Liberté
Pour la Patrie pour la deffendre
Cher amie pour nous l'assure
Ils nous fallait (Bis) ce Décret tendre (Bis)

5
Salut a vous Républicains
Qu'habite la Ste Montagne
Ainsi que vous bons Jacobins
Vous, nous, faites voir ce que l'on gagne (Bis)
Nous deffenderons la Patrie
Qui cerce le coeur de tous les Noires
Et les Créolles au Blancs unis
Remporterons (Bis) toujours victoires (Bis)

HYMNE

Des Citoyens de Couleurs.
Par la Citoyenne Corbin; Créole et
Républicaine.
Air : des Marseillais.

Di vi ni té de la pa tri e, Raison et
Sainte Liber té Soeurs im mor tel les du Gé
nie compa gnes de la Liber té compa gnes de la
Liberté Prètes nous vos accens su bli mes
Di gnes des appuis de nos Droits, Des Res
tau ra teurs de nos Loix, Des tyrans augus te
vic ti mes Li ber té, Liber té Rai son et

vé ri té dai gnés dai gnés sourire
aux voeux de la Fra ter ni té

2
Peuple libre vient en ce temple,
Sur ces Héros jetté des fleurs,
Que ton oeil attendri contemple
Tes amis et tes bienfaiteurs ...... (bis)
Sur la fin de leurs existence
N'aie pas de regrets superflus
Qu'and on périt pour ses Vertus
On vit par la reconnaissance
Liberté, Liberté,
Raison et Vérité,
Venez, venez,
Conduisés lès a l'immortalité.

3
Des fers honteux de l'esclavage
Ils ont affranchi leur pays
Le Despotisme dans sa rage
Les immola sur ses débris ..... (bis)
Mais en sacrifiant leur vie,
Calmes au milieu des tourmens,
Ils n'ont souffert en ces moments
Que sur les maux de leur patrie
Terrible vérité
Raison et Liberté
Vengés, vengés
Les droits de l'homme et de l'égalité.

85

« Marche du Premier Consul » et de tous les airs rappelant les victoires de Bonaparte, tandis que celles de Delgrès chantent la « Marseillaise » et autres chants républicains, encouragées par les femmes noires qui les ravitaillent en boulets de canon en chantant le même air, tandis que d'autres invoquaient les dieux de la guerre et de la mort, en faisant des « rondes infernales interrompues par le cri de "Vive la mort" » accompagnées des tambours cultuels. Le 28 mai 1802, les tambours se taisent, devant l'inégalité de la lutte. Delgrès se donne la mort à la tête de ses hommes. L'esclavage est rétabli. Le 3 Septembre les portes de l'Église du Carmel s'ouvrent exceptionnellement : on chante le Te Deum et le Libera pour les obsèques de Richepanse mort de fièvre jaune.

A la Martinique, les tentatives de Victor Hugues pour libérer l'île restent vaines. Anglais et colons le repoussent. Les colons ne connaîtront ni le désastre économique, ni la guillotine. Les bals succèdent aux bals. Mais la dissension entre Planteurs et Patriotes reste vive, et faute de pouvoir se battre, chacun affiche ses opinions pendant ses bals : les Patriotes suppriment les menuets et autres danses de l'Ancien Régime, ils ne dansent que sur les contredanses du « Ça ira » de la « Carmagnole ». La Monaco, les « Sans-Culottières » font leur entrée. Les Planteurs continuent à faire honneur aux menuets, français et congos, et à l'anglaise, honneur oblige.

Les esclaves ni sourds ni muets se mettent à espérer leur liberté et chantent en l'attendant :

« Allons dansé la calenda	Allons danser le calenda
Avant la calenda fini	Avant que le calenda ne finisse
Quand liberté ka lé vini	Quand la liberté viendra
pas ké ni calenda encô. »	Il n'y aura plus de calenda [13].

En effet, ils n'auraient plus besoin d'implorer le dieu de la mort, puisque pour eux, la souffrance et le travail étaient liés.

Plus près d'eux, les corsaires chantaient en allant à l'abordage non seulement le « Ça ira », et la « Marseillaise », mais les chansons destinées à entretenir le feu sacré des idées républicaines.

LE THÉÂTRE

A la Guadeloupe les esprits ne sont pas au théâtre. D'ailleurs il n'y a pas de salles, les colons qui n'ont pas émigré ont été pour la plupart guillotinés ; à la Martinique, les Planteurs ne sont nullement disposés à recevoir les comédiens républicains qui font voile pour les îles en 1789 avec Ribié à leur tête. La troupe à peine débarquée se disperse. Chacun regagne la France par ses propres moyens. Messieurs les Amateurs, quelques comédiens royalistes de passage et les Amateurs qui avaient fui le Cap, lors de la guerre de l'Indépendance de Saint-Domingue assurent quelques spectacles dans l'imposant théâtre de Saint-Pierre qui continue à faire salle comble. Mais, les autorités promulguent une ordonnance le 16 octobre 1796, assignant des places séparées aux gens de couleur.

86

Chapitre 4

Le retour à l'esclavage
1802-1848

DONNÉES HISTORIQUES

Aux colonies les changements de gouvernements sont encore plus nombreux qu'en France, car les Anglais, après avoir rendu la Martinique au traité d'Amiens en 1802, réapparaissent à deux reprises de 1810 à 1814 et de 1815 à 1816.

Les dissensions sociales sont nombreuses et complexes. En tout premier lieu la révolte des Noirs qui n'acceptent pas la restitution de l'esclavage par Napoléon, ensuite celle entre royalistes et bonapartistes, pendant la Restauration et les Cent Jours. Les décrets gouvernementaux sont peu ou pas appliqués, les royalistes ne voulant perdre aucun de leurs anciens droits.

En 1830, lorsque les gens de couleur obtiennent le rétablissement de leurs droits, les esclaves ne pouvant accéder à la liberté que par des affranchissements et encore sous certaines conditions, se rebellent.

En 1848, la deuxième abolition est décrétée. Les dissensions demeureront, cette fois entre partenaires différents : colons et Noirs, toute ethnie confondue.

Le sucre des colonies bien qu'occupées par les Anglais est interdit de vente sur leurs marchés. La bataille entre betteraviers français et sucriers commence.

La musique retrouve le rôle qu'elle avait sous l'Ancien Régime. Mais chaque gouvernement a des conceptions différentes quant à leurs usages. Les bals restent la distraction privilégiée.

MUSIQUES ET POUVOIRS

Napoléon Bonaparte restitue le « Te Deum », et privilégie les chants de guerre et les bals. Il fait de la Martinique la deuxième Cour de

France, Joséphine sa femme en est originaire ; l'île est un point stratégique dans son plan de guerre maritime. Des officiers prestigieux les défendent contre toute attaque anglaise.

La musique officielle y joue « La Marche consulaire », « La Marche du Sacre », « Le Départ des Grenadiers », etc., les chants patriotiques : « Veillons au Salut de l'Empire »... les chants de guerre « La Victoire est à nous ».

Comme à la Malmaison, les concerts privés donnés par les « Amateurs » et les musiciens des bateaux de guerre sont nombreux. A la Martinique Madame de la Pagerie honore quelques uns de sa présence, car elle leur préfère le jeu, les fêtes ont un éclat tout particulier, la mère de l'Impératrice réside sur ses terres des Trois Ilets. Celles pour l'élévation sur le trône impérial et le sacre furent des plus imposantes. Elles surpassèrent par leur éclat les fêtes données par Louis XV lors de la naissance du Dauphin. En effet, les colonies ont droit à l'envol d'un aérostat.

Les amiraux rehaussent l'éclat des bals qu'eux et les colons se doivent de donner, Napoléon demandant « le courage et la gaieté à sa cour ». Les parures et les coiffures des dames rivalisent avec les habits galonnés, les insignes des récompenses militaires et civiques. Le luxe des toilettes, le scintillement des bijoux, les croix de guerre concourent à en faire de véritables spectacles. Les badauds s'entassent le long des rues, se bousculent pour voir arriver les calèches. Ils s'émerveillent à la vue de ces salles où se pressent les officiers le buste chamarré de décorations et les jeunes femmes, vêtues à la mode parisienne, dans des robes de mousseline où la taille s'était hissée sous la poitrine, ce qui mettait celle-ci en valeur. Cette mode a un tel succès dans la population, qu'elle donne au quadrille de l'époque le nom de « *haute-taille* ». Il est vrai que les salles de bal pouvaient être comparées à une scène de théâtre, car le quadrille était conçu pour un public de spectateurs autant que pour le plaisir des danseurs. « Il mettait en valeur leur savoir-faire sous des éclairages étudiés et constamment renouvelés [1]. »

Sur les places publiques des villes principales les orchestres militaires égayent les promeneurs, le soir tandis que les tambours des esclaves transforment en danses ce qui se voulait être rébellion.

En effet pour les apaiser le gouverneur ne fait plus appel à la force armée, il fait jouer le calenda : « Il est facile dans ce pays de... venir à bout d'une émeute. Il suffit d'avoir sous la main quelques musiciens. On leur ordonne de jouer un air de danse, de traverser la foule en courroux, sans arrêter ni ralentir leur marche. Aussitôt on voit... les colères tomber, les visages s'épanouir, les jupes se relever, les bras s'arrondir au-dessus des têtes... Aucune émeute ne résiste à pareil moyen [2]. » L'Église n'ose s'opposer, le Concordat est trop récent.

Les bals coûteront bien cher à Napoléon. C'est en dansant un quadrille que les officiers français sont surpris par les Anglais à Marie-Galante (une des dépendances de la Guadeloupe) et furent hors d'état de se défendre. « On était dans les jours gras et tous les officiers et soldats avaient passé au bal la nuit du 1er au 2 mars. On faisait le quadrille, lorsque les violons furent interrompus par le son du clairon. La danse cesse ; on se met aux fenêtres pour voir d'où venait cette musique étrangère (God save the King). Ce n'est qu'alors que l'on apprend que les Anglais avaient fait prisonniers les douze soldats de la garnisation et qu'ils étaient maîtres de la ville (grand bourg) [3]. » Nous sommes en 1810.

Cette nouvelle occupation se fait par étape. Les Te Deum demeurent, mais le Salve fac Regem remplace le Salve fac Imperatorem. Les musiques officielles anglaises et françaises se succèdent dans les fêtes civiles, car les Anglais n'évincent pas les autorités françaises. Il en est de même des bals où l'on danse alternativement à l'anglaise et à la française « avec une gaieté franche », ceci jusqu'à la crise économique. En effet pendant celle-ci ils se raréfient et prennent un caractère politique comme lors de la première occupation.

Pendant la Restauration et les Cent Jours, c'est la confusion totale. Les intérêts politiques des partis et l'éloignement des îles, compliquent à souhait les événements. Chaque île a ses options politiques et, comme à l'époque de la période révolutionnaire, chaque île a sa musique officielle. Tandis que la Martinique vibre aux échos de la musique royale anglaise, à la Guadeloupe la musique royale française et la musique impériale s'opposent. Les colons royalistes publient dans la gazette officielle des chants conjoncturels.

Chant royaliste sur l'air de « Bouton de Rose » :

Soldats de France,
Qui servez sous Napoléon ;
Employez mieux votre vaillance
A la défense d'un Bourbon.
Soldats de France. *Bis.*

Soldats de France,
Pauvre soldat tu vas périr
En combattant pour la puissance
D'un scélérat qui fait gémir
Toute la France. *Bis.*

Peuple de France,
Vous ne serez jamais heureux ;
Pourquoi garder l'obéissance
A ce tyran ambitieux,
Fléau de France. *Bis.*

Peuple du monde,
Courez tous au champ de l'honneur ;
Sur la terre ainsi que sur l'onde
Poursuivez ce monstre d'horreur.
Tyran du monde. *Bis*

Oh ! belle France,
Vingt ans sous le joug des tyrans ;
Tu fus trop longtemps en souffrance :
Il est un terme à tes tourments.
Oh ! belle France. *Bis.*

Dieu de la France,
Protecteur des peuples chrétiens ;
Arme ton bras pour l'innocence,
Rends le trône à nos Rois anciens.
Dieu de la France. *Bis.*

Bonheur de France,
Tu renaîtras sous un Bourbon ;
Avec lui viendra l'abondance,
Du Ciel il obtiendra ce don.
Bonheur de France. *Bis.*

Chantons la France,
Et le retour de nos bons Rois ;
Jurons fidèle obéissance,
Chantons et répétons cent fois
Vive la France. *Bis.*

> Roi de la France,
> Prends le trône de tes ayeux ;
> De tes vertus, de ta clémence,
> Nous attendons un règne heureux ;
> Roi de la France. *Bis.*

(Par M. B..., Habitant de la Grande-Terre) [5].

Les nostalgiques de Napoléon arborent les aigles impériaux en chantant sur l'air de « tonton tontaine tonton » :

En 1814 la musique royale de Louis XVIII triomphe. Plus jamais le God Save the King n'accompagnera le drapeau de l'Union Jack. Quant aux chants napoléoniens il faudra attendre le règne de Napoléon III pour qu'ils aient à nouveau droit de cité.

Pendant 9 ans la Guadeloupe vit au diapason d'une principauté et la musique de cour devient un élément de prestige, ainsi que la musique lyrique. Elles sont de toutes les fêtes officielles car le gouverneur, le Comte de Lardenoy, appartient à la noblesse d'épée. Même en colonie, il entend vivre selon son rang.

Il s'entoure d'une cour d'artistes qui sont les Amateurs. Les colons sont tout à monsieur le Comte et à son épouse qui s'est déplacée avec ses demoiselles d'honneur.

Le ton est donné dès leur arrivée. Ils assistent à une messe avec musique, jouée par les Amateurs, le soir, ils se rendent au spectacle, toujours donné par les Amateurs. Deux comédies y sont jouées : « Le dîner de Madelon » et « La nouveauté ». Entre les deux, l'auteur de « La nouveauté », M. Salon, chante cinq airs de son répertoire. Le lendemain le Comte, la Comtesse et sa suite, assistent au bal donné en leur honneur. Ils sont accueillis sur l'air flatteur de « Où peut-on être mieux qu'au sein de sa famille » de Grétry. L'émotion est vive, puis un Amateur chante à la Comtesse un air de sa composition :

« Reçois aimable comtesse
De nos cœurs les justes tribus
C'est l'hommage que l'allegresse
Rend en ce jour à tes vertus.
Peuple heureux que chacun admire
Ah ! qu'il est beau d'entendre dire
Sans l'amour que j'ai pour mon Roy
Je serai tout à Lardenoy [6]. »

Presque tous les soirs dans les salons de la résidence du Gouverneur ou des riches colons, les Amateurs offrent, qui son compliment, qui son air, qui sa comédie. Quelquefois ils consentent à donner un spectacle.

La musique militaire elle, donne des concerts dans les jardins publics et botaniques car le théâtre et les salles de concert ne sont plus les seuls hauts lieux de la musique.

Pour promouvoir la musique le gouvernement encourage la création de « sociétés d'amateurs » composées d'hommes de couleur et de petits blancs. Ainsi donc ces concerts renforcent en quelque sorte le pouvoir : les coloniaux peuvent écouter tout comme les parisiens, les galops, marches, ouvertures, polkas, etc., de l'époque.

1830, LES « TROIS GLORIEUSES »

A nouveau les esclaves espèrent la ratification du second décret de l'esclavage. Contre toute attente, c'est le roi des Français qui remet en vigueur les principes de l'Ancien Régime. Ses administrateurs recréent les « sociétés de distractions » des noirs. A nouveau chaque société doit se faire reconnaître par ses drapeaux et surtout respecter l'emplacement qui lui est assigné sur la Savane pour danser. Ces danses doivent se dérouler en présence de leurs roi et reine vêtus de leurs costumes respectifs.

Découragés les esclaves reviennent au calenda, mais christianisé, car l'Église est vigilante, et au damier, les deux danses qui illustrent sa vie : l'amour, la mort et la lutte.

Comment se danse alors ce calenda ? Par couple. « La femme est au milieu et l'homme l'assaille, elle pirouette sur elle-même, résiste. Ce qu'on lui demande, elle le refuse, mais l'amant ne se décourage pas et tourne autour d'elle et cherche à triompher de ces rigueurs. Peu à peu elle s'attendrit, la maîtresse qui feignait d'être irritée, cède à tant de prières et de grâces déployées, on ne résiste plus et bientôt, ils dansent face à face et le mouvement se précipite, le pas vole, la musique brûle. Il faut voir l'œil de la négresse, c'est un flambeau de plus dans la fête. La tête danse, la poitrine danse, ses reins dansent. ... Ou c'est l'homme qui ne veut pas et alors la femme voltige autour de lui. Elle boude, elle sourit, elle penche sa tête sur l'épaule, elle entr'ouvre ses jupes des deux mains et l'on dirait un oiseau qui rase la terre de ses ailes. C'est charmant, elle tourne, elle tourne sans se lasser. Il faut qu'elle le séduise et elle le séduit... Figurez-vous cette danse de feu... au milieu des herbes d'une savane aux lueurs de cent torches aux sons haletants et bondissants de leurs tambours, aux appels sans fin des calebasses sonores [7] » accompagnant les chants satiriques, railleurs, vengeurs ou simplement amoureux. Le damier ? Il s'exécute par les hommes en couples, le tambourinaire dirige la danse. A son signal les hommes s'élancent au milieu d'un cercle fait par les spectateurs qui chantent en frappant des mains, et se mettent à danser. A des signaux précis, ils s'empoignent, se tirent les oreilles, se tiennent par les jambes, etc., jusqu'à la mise au tapis finale. Après chaque empoignade, les danseurs s'éloignent du cercle en continuant à danser, et surveillent le nouveau signal qui leur donnera l'ordre de reprendre le combat.

LE THÉÂTRE

Malgré les difficultés politiques, le magnifique théâtre de Saint-Pierre attire les artistes de toutes sortes. En 1802 arrive une troupe privilégiée de vingt-cinq comédiens, n'oublions pas que la Martinique est la seconde cour de France. Elle est décimée par l'épidémie de fièvre jaune qui sévit. Elle n'a le temps que de donner une représentation : « Camille » ou le « Souterrain » de Dalayrac. Elle n'est pas remplacée, les comédiens végètent jusqu'à la fin de leur contrat. Les colonies restent sans théâtre jusqu'en 1816 date à laquelle revient M. Ribié à la tête d'une dizaine de comédiens talentueux. Il connaît les exigences de sa clientèle, propose deux spectacles par semaine dont un opéra, et offre un répertoire éclectique. Il obtient alors du Comte Vaugiraud le privilège de directeur des théâtres de Saint-Pierre et Fort-de-France pour une durée de neuf ans.

Il débute à Saint-Pierre sa saison le 19 Mai avec au programme un vaudeville « Les Épreuves Dramatiques ». Il donne seize représentations et joue trente pièces différentes dont « Le Tableau Parlant » opéra comique en un acte qui obtient de vifs applaudissements. Puis il se rend à Fort-de-France. Pendant deux ans il assure son contrat dans les deux villes et recrute de nouveaux artistes. Mais s'il est un comédien émérite il est un piètre directeur financier. Pour faire face à ses dépenses excessives, il pense au théâtre de la Guadeloupe.

En effet, la Guadeloupe avait aussi son théâtre et le directeur de la troupe, Monsieur Speineux qui lui aussi avait obtenu le privilège des deux théâtres (Basse-Terre et Pointe-à-Pitre en 1817) était aussi mauvais comédien qu'il était mauvais financier. Les spectacles avaient lieu une fois par semaine tous les jeudis, et les programmes se composaient d'une comédie, un vaudeville et un opéra comique, comme cela se faisait à l'époque. Les Amateurs continuaient à se joindre à la troupe :

« Théâtre de la Pointe-à-Pitre, 1re représentation de "l'Aimable du Jour", comédie en 3 actes par un Amateur de cette ville. « Ambroise », opéra en 1 acte [8].

Jeudi 2 avril 1818 : Au bénéfice de Mademoiselle Julie "Soliman II", comédie en 3 actes et vers de Favart. "Le Calif de Bagdad", opéra en 1 acte. »

Rappelons que la comédie se composait de dialogues parlés, d'ariettes ou d'airs. Les spectacles qui se donnaient étaient les mêmes que ceux que le public parisien ou bordelais applaudissait à la même époque mais la qualité était tout autre, et les colons, clientèle principale, qui ne manquaient jamais d'aller au théâtre en Métropole, étaient des critiques caustiques :

« Nous engageons Monsieur Wiarme à ne pas accepter des rôles hors de son emploi, nous désirons que cet avis lui parvienne avant qu'il ne paraisse dans le "Charbonnier de la Belle Arsène". Madame Faucompré a joué Roxelaine avec plus d'aplomb que de vérité que l'année dernière et Mademoiselle Julie a mérité les applaudissements qu'elle a justement obtenus dans l'ariette du "Calif de Bagdad". Monsieur Armand dans le rôle de "Soliman II" est allé au-delà du but qu'il voulait atteindre, il a parfois trop de chaleur mais en se livrant de plus en plus à l'étude de l'art qu'il a embrassé, il ménagera davantage ses moyens et méritera l'accueil favorable qu'il reçoit du public » (pas de signature) [9].

Il n'y avait malheureusement pas que les acteurs qui étaient incompétents, la salle était trop petite, manquait d'ouvertures, de plus elle était mal éclairée ; les spectacles tiraient en longueur car les entractes n'en finissaient pas. Le rideau n'était jamais levé à l'heure et les familles pouvaient très rarement trouver des places regroupées. Quant aux spectateurs, ils applaudissaient à tout bout de champ et étaient fort bruyants.

Les œuvres à l'affiche étaient signées Boieldieu, Gretry, Rossini, Favart et même Ribié ce qui ne facilitait la tâche ni des musiciens ni des chanteurs.

Les bonnes grâces dont jouissait M. Ribié furent hélas de courte durée, les colons n'appréciaient nullement ses projets sur la Guadeloupe et en dépit de ses efforts et de son talent, ils boudèrent les saisons théâtrales. Boïeldieu, Gretry, Méhul, Gaveau, Rossini étaient impuissants à plaider son sort, si bien que ne pouvant faire face à ses dépenses, il dissout sa troupe en 1819 et vient offrir ses talents à M. Speineux à la Pointe-à-Pitre. Il apporte un souffle nouveau si bien qu'un spectateur écrit le 22 avril 1819 dans le *Journal Politique et Commercial de la Guadeloupe* « enfin l'horizon théâtral s'est éclairci et le public a vu avec plaisir l'arrivée d'un nouveau renfort comique M. Ribié ancien directeur de plusieurs théâtres de France et qui avait déjà parcouru avec succès une longue carrière dramatique ».

A partir de cette date, intrigues et spectacles défrayent la chronique, Monsieur Speineux conscient de son incompétence ne pouvant vendre son privilège à l'impécunieux Ribié accepte de le céder à un de ses comédiens M. Ricard. La troupe prend alors le nom de « Compagnie dramatique ».

Les spectacles se multiplient, ils deviennent bi-hebdomadaires. Comédies vaudevilles et opéra continuent de tenir l'affiche mais aussi de mécontenter les spectateurs, car Ribié ne peut assurer à lui seul la qualité d'un spectacle. Ricard engage alors des nouveaux artistes, et l'an 1820 commence sous de meilleurs auspices, mais, c'est la troupe entière qu'il faudrait changer. Le public se fait de plus en plus rare. Les avis alléchants du *Journal politique et commercial* ne les convainquent plus. Delayrac, Mehul, Gretry, Boëldieu, Monsigny ne font plus se déplacer. Tout le monde sait maintenant qu'une œuvre si géniale soit-elle, mal interprétée devient un four. Le revenu des acteurs diminue, ils s'endettent, certains sont obligés d'abandonner les planches et de changer de métier : « Le sieur Ledoux, artiste dramatique ayant pour toujours quitté le théâtre depuis le 25 février (...), ayant dirigé en chef une raffinerie de sucre depuis 1811 jusqu'à 1814, désirerait se placer sur l'habitation sucrerie et s'il n'est pas assez heureux pour trouver à utiliser ses moyens et pourvoir d'une manière honorable à son existence il prévient toutes personnes auxquelles il pourrait devoir que, conformément à l'honneur et aux lois, il payera tous ses engagements du 25 mars courant au 6 avril prochain, étant dans l'intention de partir sans délai pour France du 20 au 30 Avril [10]. »

Vers la fin de l'année pour équilibrer son budget M. Ricard ajoutera aux comédies, opéras etc... des intermèdes musicaux donnés par les Amateurs, des ballets exécutés par les esclaves, les sièges restent inoccupés.

La propriétaire du local fait savoir que la salle de comédie sera remplacée par une salle de bal (le loyer était impayé). C'est la débâcle, la troupe se dissout. Ne pouvant vivre de ses talents de comédien, Ribié se convertit en propriétaire de café. Le comte de Lardenoy à qui on fait appel une seconde fois, refuse de renouveler les privilèges. Les artistes donnent encore six spectacles à leur compte avant la traditionnelle fermeture des jours Saints. La nouvelle comédie restera silencieuse pendant plus de six ans. Les artistes avaient de par leur médiocrité et leur conduite perdu la confiance des administrateurs et du public. La réouverture du théâtre aura lieu en 1828 avec une troupe mixte de comédiens et d'Amateurs « Les artistes sociétaires réunis » dirigée par M. de Verteuil. Elle ne donne que quelques spectacles.

Arrive alors de France Monsieur Charvet, comédien à Marseille. Il pensait pouvoir obtenir le privilège des théâtres des deux colonies mais il fut devancé par Monsieur Victor Maraist qui connaissait déjà les îles puisqu'il avait fait partie de la troupe privilégiée de 1822. Le 11 décembre 1828 un contrat est signé entre MM. de Verteuil et Maraist. Celui-ci achète entre autres le titre de Directeur du théâtre de la Guadeloupe et de la Martinique (le privilège de M.A. de Verteuil).

Il ne reste plus à Monsieur Charvet que la possibilité de s'intégrer avec son épouse à la nouvelle troupe. Celle-ci se partage entre les deux colonies et les quatre villes : Basse-Terre, Pointe-à-Pitre pour la Guadeloupe, Fort-Royal et Saint-Pierre pour la Martinique, et recueille de part et d'autre des applaudissements et des critiques élogieuses. Elles jouent de grandes œuvres : « Le Calif de Bagdad », de Boïeldieu « Le Barbier de Séville » de Rossini, « La Fête du Village Voisin », toujours de Boïeldieu. Selon l'usage, la deuxième partie des spectacles sera réservée aux vaudevilles : « Encore un Original » « Deux Edmond » ou « Le Prix de l'Arquebuse », « Les Premières Amours » ou « Les Souvenirs d'Enfance » de Scribe. Il faut remarquer que pendant les années suivantes Boïeldieu et Scribe seront les compositeurs les plus joués.

De 1830 à 1836 le théâtre à Saint-Pierre est suspendu après les incidents politiques survenus entre le procureur du Roi et quelques jeunes gens de couleur républicains de Saint-Pierre. La troupe de M. Maraist ne joue plus qu'à la Guadeloupe. Mais en 1834 un scandale de tout autre ordre le prive de son privilège : le tribunal de Pointe-à-Pitre prononce la dissolution de la troupe pour avoir mis ses acteurs en suspension de paiement. Les Amateurs et deux comédiens de la défunte troupe prennent la relève. Ils donnent leurs spectacles dans les salons des cercles privés, tandis que d'autres tentent fortune au Moule. Mais le théâtre lyrique est un métier, les Amateurs ne peuvent assurer les saisons, ils se contentent alors de donner des concerts et, une ou deux fois l'an, offrent un spectacle complet. Leurs efforts sont indéniables, cependant les représentations ne sont pas de qualité et les spectateurs manifestent leur mécontentement dans le bruit et le désordre, ce qui conduit le Maire de Pointe-à-Pitre à user de son pouvoir : il fait suspendre les représentations une première fois en 1837 et une autre en 1839.

En 1840 les journaux annoncent un nouveau directeur privilégié, M. Pérone Eugène. Il est connu des inconditionnels du théâtre puisqu'il faisait partie de la troupe précédente sans toutefois avoir pu se faire entendre. A quelles difficultés s'est-il heurté ? Les journaux ne nous renseignent pas.

La Guadeloupe restera sans spectacle jusqu'en juillet 1846, date à laquelle M. Dabrin réunit plusieurs comédiens séjournant dans l'île et constitue la troupe des « Artistes Sociétaires ». Il aménage avec des fonds obtenus par souscription, une salle de théâtre à Basse-Terre et propose de s'y faire entendre. Après cinq mois d'efforts il interrompt les représentations.

Pendant ce temps à la Martinique, M. Charvet sollicite des administrateurs le privilège des théâtres de Saint-Pierre et de Fort-de-France en 1836. Dans un premier temps il se le voit refuser, parce qu'il proposait dans son contrat de supprimer les places séparées pour les gens de couleur. Ce qui signifie que colons et gens de couleur se côtoieraient. Or à la Martinique l'arrêté de 1796 promulgué pendant l'occupation anglaise était encore en vigueur. De plus, tout le monde avait en mémoire les motivations de la fermeture du théâtre de Saint-Pierre.

Soutenu par les habitants qui désiraient ardemment voir rouvrir leur théâtre, il présente une pétition dans laquelle Blancs et Gens de Couleur assurent aux autorités qu'ils souscrivent au vœu du demandeur. Quelques mois plus tard le privilège lui est accordé avec toutefois la précision suivante : « article 2. Dans le cas où des désordres auraient lieu au théâtre, le privilège du sieur Charvet lui serait également retiré, soit que ces désordres fussent causés par sa négligence ou son imprévoyance, soit qu'ils proviennent du fait des actions par lui engagées [11]. »

C'est le tremblement de terre de 1839 qui met fin aux activités de M. Charvet. Avec son théâtre de Fort-Royal sa fortune s'engloutit. Quelques mois plus tard il tente à nouveau de réaliser une saison théâtrale, mais la campagne électorale démobilise les spectateurs. L'année suivante Monsieur et Madame Piattoly, premiers danseurs du théâtre royal de Madrid proposent quelques spectacles de danses au public de Saint-Pierre. Quelques acteurs dont M. Charvet décident de se joindre à eux avec des vaudevilles et des comédies. Les spectateurs apprécient les danses mais déplorent les vaudevilles et désertent le théâtre. Ils attendent l'arrivée de la troupe de M. Eugène Pérone, qui procédait à des réparations au théâtre. Neuf mois plus tard il présente son premier spectacle, « La Fille de l'Air » féerie en trois actes mêlée de chants. Ce fut un succès. Bien qu'il garde son privilège pendant une vingtaine d'années les journaux compulsés ne signalent aucun spectacle pendant cinq ans.

En 1846 les spectacles recommencent à Saint-Pierre. Au cours de la saison outre les vaudevilles et comédies à la mode, quelques grandes œuvres sont données comme : « Le Comte Ory » de Rossini, « Le Roi d'Yvetot » d'Adam, « Robert le Diable » de Meyerbeer.

Entre les représentations théâtrales, les bals distrayaient les citadins.

LES BALS

Ils continuent à rythmer la vie coloniale même au plus fort des difficultés économiques. Plutôt que de les supprimer les colons préfèrent lancer la mode des bals à souscriptions. Quant aux gens de couleur privés de tous leurs droits jusqu'en 1830, ils sont obligés pour danser d'en faire la demande écrite aux lieutenants de police de leur ville, comme les esclaves. Pour pallier les difficultés, ils invitent les colons. Mais ne viennent que les hommes : il est indigne pour leur femme de se compromettre avec des gens d'une autre ethnie que la sienne. Ces lois restrictives génèrent les préjugés de race et de classe : elles confortent les Blancs dans leur complexe de supériorité, et amoindrissent les Gens de Couleur qui devront, pour gravir les échelons de l'échelle sociale, user de tous les subterfuges possibles.

Toujours est-il que ces bals sont très recherchés des hommes qui se disputent les invitations. Les danses nouvelles se bousculent : polkas, mazurkas, valses, quadrilles, quadrille mazurkas, etc., et font se déchaîner les danseurs. De toutes, celle qui s'impose est la mazurka. Sa liberté d'improvisation, sa sensualité, sa coquetterie rappelle certains traits de caractère du calenda christianisé, c'est-à-dire de la biguine. « Elle est à la fois, une danse d'entraînement, de majesté, d'abandon, d'agacerie tout en conservant quelque chose de fier et même d'un peu belliqueux. » Rapidement elle se créolise, prend le nom de « Mazouk » et rivalise avec la biguine.

LES CONCERTS

Bien que faisant partie des éléments du pouvoir, les concerts des jardins publics et botaniques donnés par la musique militaire et les sociétés d'Amateurs, ne sont pas perçus comme tels. Toutefois le principe n'est pas négatif, il permet aux amateurs de s'entretenir, de moderniser leur répertoire, et de vulgariser la musique dite légère. D'ailleurs dès 1816 des professeurs affluent et participent aux actions culturelles. Dans cette tâche, ils ne sont ni les seuls, ni surtout les premiers formateurs : les collèges et pensionnats religieux occupent la place de choix. Leurs distributions de prix restent l'occasion pour les citadins d'apprécier la tenue et le niveau des cours de musique. Après la remise des prix, parents et élèves applaudissent les plus doués. Précisons que ces cérémonies étaient honorées de la présence des gouverneurs et que la musique coloniale les ouvrait et les clôturait.

LA MUSIQUE DES NOIRS

Pendant cette période, la musique des Noirs (esclaves, affranchis, catéchisés ou non, marrons) plus précisément leurs langages musicaux, seront révélateurs du groupe social, du clan, auxquels ils appartiennent ou encore de leurs options politiques.

A l'origine de ces groupes, il y a l'action conjuguée des gouverneurs, de l'Église et des colons. En effet les gouverneurs respectent peu les lois sur les affranchissements, ils censurent les nouvelles venant de France à propos de l'abolition de l'esclavage, ils répriment toute tentative de sédition. Ils veulent protéger l'économie et maintenir le statut en vigueur. Les colons et l'Église suivent. Dans leur entreprise, les gouverneurs vont jusqu'à contrôler la catéchisation, ce qui crée des malaises au sein du clergé : extrait de la vingt-deuxième lettre de l'abbé Dugoujon à M. Victor Schoelcher, le 15 juin 1843 :

« Ce n'est pas à vous qu'on doit apprendre les droits que les gouvernements s'arrogent sur les membres du clergé. Ils leur adressent des circulaires, ils leur tracent la limite de leurs obligations dans l'exercice de leur Saint Ministère, ils leur dictent la manière dont ils doivent enseigner l'Évangile aux esclaves. Ils font interdire ou expulsent de leur gouvernement ceux d'entre les prêtres qui ne se conforment pas scrupuleusement aux "canons" rédigés dans leurs bureaux. » *Ce même Abbé se plaind en ces termes au Vicaire de Saint-Pierre (Martinique)* : « On baptise les esclaves il est vrai, mais du reste point d'instruction religieuse, point de première communion, point de confession même à la mort, point d'extrême onction, point de funérailles ecclésiastiques. Ce dernier cas admet des exceptions à l'égard des nègres employés dans les villes et les bourgs ou dans les habitations situées dans leur voisinage [12]. »

Il va sans dire que les esclaves non catéchisés, argumentés par les politiciens, sont agressifs ; ceux à l'écoute des prêtres sont soumis, mais ils ne se désolidarisent pas pour autant de leurs compagnons d'infortune. Quant aux affranchis, l'état de pauvreté dans lequel ils vivent et la précarité de leurs nouveaux droits leur font craindre d'émettre leurs opinions. Ils pratiquent le neutralisme. Chacun de ces groupes choisira son langage musical : les rebelles auront recours aux danses de guerre, certains esclaves catéchisés adopteront les danses européennes, quelques-uns iront jusqu'à se les approprier, d'autres préféreront leurs danses tribales mais ils éviteront les danses de la fécondité, ou les christianiseront.

LA MUSIQUE DES ESCLAVES REBELLES

Les esclaves luttant pour leur liberté se raccrochent à leurs cultes et donc à leurs tambours et leurs danses. Ils y expriment leur fureur, leur rancœur à l'endroit des colons qui devenaient de plus en plus intolérants. Les laguias, damiers et autres danses de guerre sont à la mesure des cruautés (fer rouge, mutilation, voire mort) que leur font endurer certains maîtres. Les tambours cultuels résonnent pendant bien des nuits. Ils sanctionnent les décisions gouvernementales : Lorsqu'en 1830, le gouvernement de Louis-Philippe, restitue aux gens de couleur leurs droits civils et politiques, et n'accorde aux esclaves que la possibilité d'affranchissements, leur colère déborde, ils pillent, incendient les habitations des colons en chantant une « Parisienne » de leur façon : « En avant, marchons contre les colons ». Leur révolte est jugulée. Les magistrats condamnent les organisateurs. Impuissants ils chantent alors :

Le Carnaval de Saint-Pierre

Perinelle oh !
Je veux danser le bombé
Le pays n'est pas bon pour moi
Tout ce que possède madame Gagriel
C'est de la fiente de pigeon [13].

Désormais, ils n'ont plus foi qu'en leurs dieux, et en toute impunité, même quand ils dansent en présence des autorités locales, ils implorent celui de la guerre. Nous cédons la plume à un spectateur.

« Jamais de ma vie je n'ai rien vu d'aussi effrayant. Cette femme avait environ vingt-six ans ; elle était assez laide, petite maigre, et ses traits respiraient la plus ardente passion. Quand il eut une heure qu'elle dansait, la terre tremblait sous les battements réguliers de ses talons ; son corps violemment jeté en arrière, était aux deux tiers renversé et ses yeux effarés regardaient le ciel ; elle chantait je ne sais quelles paroles martelées et inintelligibles, qui allaient en s'affaiblissant ; au bout de deux heures, son regard était devenu fixe, ses bras et ses mains faisaient des gestes vifs et étranges, sa voix était rauque et n'articulait plus les sons ; au bout de trois heures, elle était penchée en avant, ses yeux en feu semblaient fasciner le nègre accroupi sur le tambour, sa bouche écumait, sa voix sortait en sifflant de ses lèvres crispées, et son corps, qui s'inclinait vers la terre, se relevait par des mouvements brusques et nerveux dont la vigueur semblait s'amoindrir et s'éteindre ; au bout de quatre heures, la rage avait gagné les autres nègres : celui qui était sur le tambour bondissait sur son instrument, comme un gnôme qui éperonne une goule ; deux ou trois capresses, armées de kakois, les brandissaient avec ivresse ; toute la bande chantait et dansait ; et au milieu de ce pandémonium qui grouillait sous un tamarin, à la lueur de deux torches de gommier, la négresse, abattue sur ses jambes qui ne la soutenaient plus, le menton à terre, les coudes relevés comme un oiseau blessé, dansait encore avec sa tête, qui était renversée, avec ses yeux qui roulaient sous ses paupières mi-closes, avec sa bouche entr'ouverte et ses lèvres pendantes, avec sa voix qui râlait ; noyée dans la sueur qui ruisselait de ses membres, empêtrée dans son madras qui était tombé de sa tête, et dans ses jupes qui se détachaient de son corps. C'était devenu horrible. Je m'en allai. Mais j'en eu un grand regret le lendemain matin car on me dit que cette femme s'était redressée et ranimée, et qu'elle avait dansé, pendant trois heures encore, une danse inconnue et innomée que les yeux qui ne l'ont pas vue ne devineront jamais [14]. »

LA MUSIQUE DES ESCLAVES CATÉCHISÉS ET DES AFFRANCHIS

Les esclaves catéchisés, les affranchis, pour surmonter leur pauvreté recréent leurs sociétés. Mais en 1830 l'Église et les gouverneurs les contrôlent : l'Église en proposant le patronage d'un saint, le gouverneur par l'intermédiaire des maires : « J'ai la charge de surveiller de près dans mon quartier et de travailler à les (sociétés) dissoudre. Je n'attends qu'un prétexte pour saisir la reine qui est une rusée et l'envoyer à Puerto Rico ou en prison » écrit le maire de Petit-Bourg (Guadeloupe) M. Chambon, au curé de la paroisse.

Ces sociétés présidées par les femmes ont en plus, à l'époque, des activités politiques. Les bals continuaient à être contrôlés par elles. Aux bals des activistes on ne dansait que les danses africaines, à ceux des caté-chisés ou affranchis que les quadrilles, les *hautes-tailles* et quadrilles du Régent qui prennent le nom de « *Réjanes* ». Les catéchisés ne donnaient que des « bals à principes » et appelaient ceux des activistes : « bal à vié nègu' », traduisez : bal des vieux nègres, vieux pris dans le sens de esclaves en relation avec le diable ou les marrons. Les principes étaient : le cavalier doit avoir de la tenue, du respect pour sa partenaire, les cou-ples doivent évoluer avec grâce et les femmes faire de charmantes minau-deries.

LES BALS A PRINCIPES

«J'ai assisté au Fort Royal, le dimanche gras, à un bal de nègres esclaves, tous domestiques donné par invitation (c'est en fait un bal donné par l'association « les Roses »)... Je n'y avais pas été invité mais je m'y fis conduire par M. Francis des Roberts, qui voulut bien me présenter à sa servante, laquelle daigna m'accueillir. L'orchestre était composé de militaires blancs, payés par les esclaves ; car les blancs étaient humiliés ce jour là et tout était conçu dans le meilleur goût. On invitait les danseuses en leur offrant des roses mousseuses ; c'était charmant. Il pouvait y avoir environ cent cavaliers et autant de dames, tous noirs comme des culs de chaudron. Les dames étaient toutes, sans exception, en robe de satin blanc, quelques-unes avec un corsage de satin cramoisi. Comme aucune d'elles n'avait de cheveux, et qu'une laine crépue d'un pouce de long eût été d'un médiocre effet, elles avaient toutes une façon de turban en satin de couleur, avec des pierreries. Leurs robes avaient régulièrement des man-ches longues, garnies de manchettes en point d'Angleterre et elles por-taient des gants blancs. Toutes étaient chaussées de bas de soie blancs, à jour, avec des souliers de satin blanc. Du reste jamais de ma vie je n'ai vu autant de bijoux, de turquoises, d'émeraudes et de perles ; elles avaient des brassées de colliers et une charge de bracelets. Et tout cela de l'or le plus irréprochable, s'il vous plaît ; car le nègre est là-dessus plus fier que le blanc et il est plein de mépris pour le chrysocale[1].

Les cavaliers étaient tous en habit noir, grandissime tenue. La coupe de quelques-uns était un peu arriérée et la queue de morue y bravait la grande basque française. Le gilet était généralement en satin cramoisi, souvent en satin blanc brodé de bouquets, quelquefois en soie feuille morte ; avec des gaufrures d'argent. La cravate blanche et les gants jaune-serin régnaient sans partage. Le jabot se détachait des plis coquets d'une chemise de batiste, avec un grand épanouissement de dentelles de Flandre, dont les flots échappaient à la morsure d'une épingle montée en solitaire. La culotte était d'un demi-collant qui laissait au mollet du nègre la consistance d'une hypothèse à peu près admissible. La botte était soigneusement proscrite, comme cela se doit entre gens de bonnes manières, et le bas de soie noire à jour s'emprisonnait dans la moire rose qui double le soulier verni. Par exemple, on devinait, à la mine contrainte de cette chaussure, qu'elle avait longtemps lutté avec avant de se rendre. Le pied du nègre n'est pas prévu par les formes les plus capricieuses que l'art du cordonnier ait inventées et ce n'est pas sans beaucoup d'efforts qu'on peut enfermer dans la même enceinte un talon qui fuit en arrière, et un orteil qui fait le grand écart. Les cavaliers étaient bariolés, comme les dames, de chaînes d'or fantastiques ; et les breloques les plus fabuleuses babillaient en se balançant au-dessous de leur gilet.

C'est une habitude des nègres de s'appeler entre eux des noms de leurs maîtres ; et ils écrivent même ce nom sur leur linge. J'entendais donc nommer à tous moments, comme dans un salon du faubourg Saint-Honoré : Madame la baronne de..., Monsieur le comte de... ! Et lorsque je me retournai, ébahi, pour voir entrer ces personnages, j'apercevais un Congo superbe, luisant, brillant, pommadé, avec une frisure pyramidale ; ou une capresse magnifique, traînant vingt aunes de satin cramoisi.

Il faisait dans la salle du bal une chaleur étouffante ; ces dames s'éventaient nonchalamment avec des mouchoirs de batiste, ornés de découpures à jour, avec des valenciennes de deux pouces. J'étais ébloui... ».

« Ces messieurs et ces dames figuraient à deux quadrilles, et glissaient en dansant, avec de charmantes minauderies, ni plus ni moins qu'aux bals de la liste civile. Cependant, il y en avait quelques-uns qui paraissaient regretter l'ancienne danse de Vestris, comme un moyen désormais perdu de développer ses grâces. Ceux là répudiaient la glissade et se livraient à des jetés-battus étourdissants.

Je quittai la Martinique le jour du carnaval, et j'arrivai à la Guadeloupe un jour trop tard pour assister à un grand bal travesti, donné par les esclaves à la Basse-Terre, et dans lequel figuraient des Nègres en François Ier et en Louis XIV, et des Négresses en mademoiselle de Lavallière et madame Pompadour [15]. »

LES BAMBOULAS

Les administrateurs et colons continuent d'appeler bamboula ce que les esclaves commencent à désigner par « gros ka ». Quelques années plus tard, la deuxième terminologie supplantera la première.

---

1. Bijou fantaisie.

D'où vient le gros ka ? De l'esprit d'association de l'esclave. En Afrique le mot ka signifie rythme, or à partir de 1830 à peu près, les colons achètent aux commerçants de Métropole des barils destinés à l'expédition du sucre. Ces barils ou encore ces quarts, les esclaves s'en servent pour fabriquer leurs tambours d'où le nom de « qua » en ne prononçant pas les r. Peut-être est-il besoin de rappeler ici que les Africains désignent du même nom leurs rythmes, tambours, danses, chants et bals.

Si les bamboulas changent de nom, les danses elles, demeurent. Par ailleurs les chroniqueurs remarquent les danses individuelles :

> « Le nègre danse tout seul et pour lui seul. Ils se mettent bien quelquefois quatre ou cinq autour de la même musique ; mais quoiqu'ils dansent tous à la fois, chacun s'occupe exclusivement de lui même, se cambre, se renverse, se penche, se tord, parle, chante, hurle pour son compte exclusif et personnel... Mais que chantent-ils donc ? direz-vous. Prenez moi une négresse, la première venue au milieu d'une pièce de cannes et dites lui de chanter à un bamboula improvisé, la négresse vous composera séance tenante, une chanson qui durera quatre heures, si cela vous fait plaisir, et à propos d'un événement quelconque. Il est bien entendu que ce que les nègres improvisent ce sont les paroles. Ils ont deux ou trois airs sur lesquels ils mettent tout, à peu près comme on met les complaintes sur l'air du « Juif errant » ou de « Fualdès ». Ces chansons des nègres sont divisées en couplets réguliers, sans rime, en langue créole et ils ont tous un refrain... un de ces refrains se compose du mot ''Houlé'' répété plusieurs fois [16]. Ces chants qui semblent tous semblables à l'observateur, sont toujours les ''belai'' dont chacun possède son ''mimlan'' ou sa phrase mélodique et rythmique fixe. »

Une mode nouvelle fait son apparition les casinos. Affranchis, esclaves, libres sans distinctions politiques s'y pressent.

LES CASINOS

Ils sont les lieux de rencontre des amours illicites et les meilleurs ateliers de musique créole. Le talent de leurs musiciens font leur renommée. Les danses françaises nouvelles s'y créolisent sitôt leur arrivée : valses, mazouks, polkas simples et piquées. Nombreuses sont celles qui leur doivent leur célébrité :

LA NUIT (Mazurka)

(Folklore)

Transcription de Léon APANON

1er COUPLET

L'aut' soir en dansant la nuit dans bras ou,
Ou dit moin que notre amour
Caille duré toute la vie, chérie
Que c'est bien pour toujours

2e COUPLET

Mais hélas ! tout passe, tout casse, doudou !
Ou laissé moin pou en plus belle
Cœur moin saigné, yeux moin pleuré, chéri !
Toutes mes belles illusions perdues !

REFRAIN

La nuit ! la nuit ! la nuit ! la nuit !
La nuit ! la nuit ! la nuit !
Berce mon beau rêve d'amour.

I

L'autre soir en dansant avec toi
Tu m'as dit que notre amour
durera toute la vie chérie
que c'est bien pour toujours.

Refrain

La nuit ! la nuit ! la nuit ! la nuit !
La nuit ! la nuit ! la nuit !
Berce mon beau rêve d'amour.

II

Mais hélas tout passe et tout meurt doudou
Tu m'as laissée pour une plus belle
Mon cœur a saigné, mes yeux ont pleuré
Toutes mes illusions perdues.

Ça, c'est la Martinique de Laona Gabriel Soïme

Comme toujours, c'est par le rythme que se fait la créolisation, les esclaves transforment les ♪ ♪ ♪ de la valse européenne.

Comme leurs maîtres ils cèdent à l'anglomanie et émaillent leurs biguines de mots anglais :

Cette biguine est bien connue des Martiniquais mais ils chantent : « Ico, Ico, Ico, Ico... ».

Pour notre part, nous pensons que Ico est une déformation phonique de He goes, he goes... c'est-à-dire : Il va, il va...

Traduisons : « il va, il va, il va, sous la case ».

Les casinos enrichiront le patrimoine musical créole d'une nouvelle danse : le *vidé*. Il est né du galop, qui clôturait les bals publics ou privés en France, notons qu'il y avait aussi la farandole. Cette coutume passe aux colonies dans les bals privés ou publics ainsi que dans les casinos. Mais la farandole se dansant en faisant la chaîne, on lui préfère le galop qui se dansait soit en couples soit en groupes.

Lorsqu'au lever du jour les propriétaires ou les gérants des casinos veulent annoncer la fermeture de leur salle, les musiciens attaquent un galop endiablé. Aussitôt les derniers danseurs envahissent la piste et donnent libre cours à leurs élans retenus ou contenus au cours de la soirée. Ils voudraient arrêter le temps. Le galop s'enhardit, il devient effréné, disproportionné, car les musiciens font durer le plaisir. Les danseurs chantent, sautent : ils vivent intensément les dernières notes et... les dernières minutes de la nuit. Le temps du départ, de se quitter est proche, il faut vider la salle, d'où le nom de vidé donné à cette ultime danse. C'est ce même vidé que nous retrouverons dans les rues pendant le carnaval, ses rythmes générant une joie délirante.

Les vidés étaient des pots-pourris, les musiciens reprenant les refrains des danses qui avaient le plus de succès. Petit à petit, ils n'en gardèrent qu'un, et le répétèrent indéfiniment, sans pour autant émousser la passion des danseurs.

Le vidé est depuis devenu un rite à la Martinique. Aucun bal ne s'achève sans le célèbre : « Oh ! Madiana. » Quand on veut animer un carnaval, un bal il suffit aux musiciens de le jouer :

« Oh ! Madiana le jour se lève.
Le jour se lève, laisse-moi partir *(bis)*
Pour aller chez ma maman. »

Chapitre 5

La deuxième abolition
de l'esclavage et le Second Empire
1848-1870

HISTOIRE ET MUSIQUE

L'importance des circonstances dans lesquelles a été publié le deuxième décret de l'abolition de l'esclavage veut que l'on s'y arrête. C'est au rythme des tambours que les esclaves de la Martinique l'arrachent au gouverneur.

En effet, pour ne pas compromettre la récolte de la canne à sucre en cours, celui-ci avait décidé de le repousser de quelques mois.

Pour avoir porté atteinte aux traditions musicales, le feu fut mis aux poudres. On est le 22 mai 1848, « le son sourd et vengeur de la corne de lambi frémit dans le ciel de Saint-Pierre » [1]. C'est le signal de la révolte. Elle s'organise depuis deux jours, depuis qu'un fils de colon a interdit de battre le tambour et de danser pendant et après la fabrication de la farine de manioc. Les esclaves s'insurgent, le mécontentement gagne les ateliers, et la révolte éclate. Pour éviter le pire, le gouverneur promulgue l'arrêté. Son homologue de la Guadeloupe en fait autant. Instantanément les îles se couvrent d'arbres de la liberté que les prêtres bénissent après la lecture du décret en entonnant le chant d'Actions de grâces, suivi du Domine Salvam fac Republicam. La Marseillaise clôt la cérémonie.

Il faut maintenant penser aux élections. De Métropole le peuple par voie de presse est encouragé à agir en libre :

« Le Drapeau National
Chant patriotique dédié au peuple. Air : La Marseillaise.

I

Peuple chantez car la Patrie
A conquis ses droits méconnus.
L'esclavage et la tyrannie
Dans son sein ne reviendront plus. (bis)
Si pour disputer la victoire
Les ennemis se présentaient
A l'instant nos bras s'armeraient
Nous crierons, courant la gloire.

Refrain

Peuple, soyez soldats, défendez le pays
Autour, autour de ce drapeau
Mourrons, mourrons unis.

II

Si nous vivions dans la misère
Sous des despotes et des tyrans,
S'ouvre une brillante carrière
Qui doit embellir nos vieux ans. (bis)
Et cette carrière nouvelle
Ô peuple c'est la liberté
Saluons son autorité
Et jurons de mourir pour elle

Refrain

Peuple, rassemblez vous, jurons pour le pays
Et sous, et sous ce vieux drapeau
Jurons tous d'être unis [2] etc. »

Les premières élections se déroulent dans un climat passionnel, mais nos recherches ne nous ont livré aucun chant politique, par contre pour les deuxièmes les journaux fourmillent de renseignements, d'anecdotes piquantes et de chants. Deux candidats défrayent la chronique, le mulâtre martiniquais Bissette et l'alsacien Schoelcher. Ces élections sont menées à l'américaine. Des banquets sont organisés dans toutes les communes au cours desquels les idées politiques sont chantées. Ils sont suivis de danses, quadrilles et bamboulas. De même, des chants politiques sont imprimés et publiés dans les journaux locaux, dans des recueils ou sur des feuillets qui sont distribués aux citoyens. Les bel ais descendent dans les rues.

Chaque groupe social a ses formes musicales : les gens de couleur lettrés et les colons composent des cantates, des romances, adaptent des paroles circonstanciées aux chants politiques à succès de France, les travailleurs improvisent et dansent des bel ais, les missionnaires font chanter des cantiques républicains, et permettent l'impression de cantiques de Noël ponctuels. De tous les candidats celui qui sans conteste mobilise les journaux et est l'inspirateur du plus grand nombre de chants politiques est Bissette. Il est soutenu par l'Église et les colons bien que, quelque vingt ans plus tôt, il s'était vu condamné au bagne avec ses amis pour avoir osé attirer l'attention du gouvernement sur la situation des gens de couleur. Après son acquittement, il se rallie en France aux socialistes appelés « utopiques » qui font référence à la bible, à Jésus-Christ, à l'Évangile.

Il participe aux travaux des associations chantantes (politiques), et, prêche donc dès son arrivée la réconciliation avec les colons. Le clergé tire alors profit de cette disposition politique et se range de son côté.

Sa campagne électorale est magnifiquement réglée par ses comités. Les orchestres de toutes les communes sont engagés pour la circonstance et étudient tous les chants qui doivent propager ses idées. Leur grand nombre fait écrire à un citoyen :

« Où trouve-t-on tous les lauriers qu'on consomme et qu'on gaspille depuis l'arrivée de M. Bissette à la Martinique ? Il faut aux arbres qui produisent cette fleur un bien rude patriotisme pour y résister... Lors de la visite à Grand Anse le dix-neuf octobre... tous les orchestres brûlaient avec une fureur terrible le fameux air ''Où peut-on être mieux qu'au sein d'une famille'' [3] ? »

Suivons-le à Fort-de-France :

« Dès six heures du matin la ville se pavoisait et les maisons étaient veuves de leurs habitants. Il y a un torrent de curieux sur les places publiques... Au poste de la Savane, la musique du deuxième régiment de marine... avait été gracieusement mise par son colonel... à la disposition des citoyens notables qui la lui avait demandée [4]. »

Rendons-nous à Saint-Pierre, ses partisans lui chantent lors de son arrivée une cantate composée en son honneur, en passant notons la consonance religieuse du mot.

« L'arrivée
Cantate dédiée au citoyen Bissette

Célébrons à l'envie ce nouveau Wilberforce,
Ce sublime martyr de notre liberté
Qui pendant 26 ans, seul, luttant avec force
Sut sauver ses amis de la captivité

Honneur à toi, grand homme ! en ce beau jour d'ivresse.
Tu vois de tous nos vœux l'élan sincère et pur
De tes frères, tu vois éclater l'allégresse
Quand tu revois notre beau ciel d'azur (bis).

Honneur à toi qui sus, quand une loi barbare
Nous disputait jadis nos droits les plus sacrés
Ravir avec courage à la fortune avare.
Des frères, des amis, des enfants oubliés :
Reçois leurs vœux ici ; l'union fait la chaîne
Que pour tous en ce jour ton cœur vient de serrer
Désormais par tes soins, nul ne craint qu'elle gêne
Chaîne d'amis, pourrait-elle blesser ? (bis)

Bissette ! Tu le vois, la mort et la vieillesse
Ont moissonné déjà tes amis de trente ans
Mais aussi, près de toi, charmés de ta noblesse
De plus jeunes amis viennent briguer leurs rangs
Reçois donc, noble cœur, le tribut de l'hommage
Reçois dans ce beau jour nos bouquets réunis
Sois heureux pour toujours et que le plus long âge
De tes travaux soit le plus digne de prix (bis) [5]. »

Chaque commune lui réservait un accueil approchant le délire :

« Parlons, parlons encore de M. Bissette... Mardi matin M. Bissette
s'est rendu au François, des milliers d'hommes et de femmes et d'enfants
agitaient des bouquets, encensant le grand homme, faisaient pleuvoir sur
lui des lauriers et des roses, couraient, chantaient, dansaient, précédaient,
accompagnaient, suivaient et embrassaient les cavaliers... A l'arrivée de
M. Bissette, le bourg se pavoisa comme d'un seul mouvement et le peuple
improvisa un bamboula immense où l'on adapte à tous les airs connus,
toutes les idées que la circonstance réveillait.
    Le soir M. Bissette s'est rendu au banquet qui l'attendait sur l'habi-
tation ''Le Grand Fond''. Toute la nuit la population a dansé sur la
place. Le lundi Bissette a assisté à une messe d'actions de grâces [6]. »

Les prêtres faisant campagne pour lui, font jouer aux femmes, ci-
devant esclaves, leur premier rôle politique, comme l'avaient fait quelques mois auparavant les femmes de France, écoutons un spectateur :

« M. Bissette arriva le samedi à neuf heures, le cortège arriva à la
porte du presbytère qui fut fermée immédiatement pour ôter tout accès
aux curieux. Mais le curé malgré ses précautions ne pouvait empêcher de
savoir ce qui se passait à l'intérieur. Il y avait plusieurs femmes de bel air
qui ont chanté et ont dansé jusqu'à dix heures du soir [7]. »

Ces femmes ne se contentaient pas de danser dans le privé, elles se
mêlaient aux hommes, parcouraient les rues, faisant l'éloge de Bissette

« en chantant et en battant du tambour. Depuis plus d'un mois, des
scènes semblables se renouvellent chaque jour, sans qu'il soit jamais venu
à l'esprit de personne de le trouver mauvais... sur un char agreste, trainé
par quatre bœufs couronnés de fleurs et de branches vertes, sont placés
des barils de sucre et des cultivateurs dont quelques uns sont armés de
tambours et d'instruments de musique, et d'autres de palmes et de canne
à sucre qu'ils agitaient au dessus de leurs têtes. Le cortège ainsi organisé
avance lentement précédé et suivi de femmes, d'enfants et de jeunes
hommes, chantant et dansant au son d'une musique cadencée comme un
mode ionien, un refrain qui est toujours le même mais qui sans cesse
emprunte de l'ivresse générale une vigueur et une grâce nouvelles, retentit
dans les airs durant le trajet » [8]. :

« A qui sucre là
C'est sucre papa [9]. »

L'idolâtrie dont Bissette était l'objet atteint ses sommets à Noël.

Déjà surnommé apôtre, il devient le « Sauveur » du peuple martiniquais. Pour les veillées de Noël, des recueils intitulés « Chansons Bissettistes pour le temps de Noël », édités à Saint-Pierre, sont mis en circulation. Quelques-uns nous furent gracieusement communiqués par le Père David curé du Diamant à la Martinique :

Sur l'air de « Allons à la crèche »

« Dans yon crèche nouvelle
Bissettiss
En nous chè zamis, à la crèche bissettis
En nous chè zamis, à la crèche.

Nous kallé contemplé
Bissettiss
Portré papa Bissette », etc.

Traduction

Dans une crèche nouvelle
Bissettistes
Allons chers amis, à la crèche, bissettistes
Allons chers amis à la crèche.

Nous allons contemplé
Bissettistes
Le portrait de papa Bissette, etc.

Sur l'air de : « Chantons Noël »

« Chantons papa ! Chantons Noël !
Crions : Vive notre grand Roi !
Chantons Noël ! »

Il est difficile aujourd'hui d'admettre que les prêtres ont permis de chanter de tels cantiques :

« Comme un autre Messie
Oui Bissette à nos yeux parut. »

ou encore : « Bissette est notre amour
C'est notre soutien
L'objet de nos prières ;
Il ne sait que trop bien
Nos peines et nos misères *(sic)* [10]. »

Les colons de la Guadeloupe forts de son succès, le font venir pour l'opposer à Schoelcher. Ce fut un échec total. Bissette est conspué voire agressé. La faction schoelcheriste est vigilante, elle occupe le terrain et ne prétend pas le céder. Des chansons pamphlétaires à l'endroit de Bissette sont sur toutes les lèvres. On lit dans le *Courrier de la Martinique* :

« Il nous revient que les journalistes rouges de la Pointe à Pitre ; si chauds partisans de la candidature de M. Perrinon (coéquipier de M. Schoelcher) viennent de publier une chanson où ils appellent M. Bissette : Papa-recette [11]. »

En effet, les schoelcheristes avaient fait croire aux ci-devants esclaves que Bissette était venu pour les vendre à nouveau aux colons. Les bissettistes rétorquent par le chant suivant :

> « Aimez vous Perrinon ?
> Non !
> Progrès[1] la ka menti ?
> Oui ! [12]. »

Mais rien n'y fait, toutes les tentatives de Bissette pour prendre la parole se soldent par des jets de projectiles et des menaces d'assassinat. Cette campagne violente, haineuse, inspire à une cultivatrice sur l'air significatif de : « *Au Dieu des bonnes gens* », le chant suivant :

> « L'Ami du peuple
> Assez longtemps nous ka fait nous la guerre
> Et sans jamais trouvé aucun moyen
> De tirer nous de l'affreuse misère
> Qui déjà tué combien de citoyens
> Ah ! Si chacun cependant té bien sage
> Et avant tout' bon républicain
> Nous s'ré déjà sans faire aucun tapage
> Allongé nous la main. (bis)
>
> Et zot gazet' assez de politique
> Pays a nous kallé perir hélas !
> Si plus longtemps zot continué répliqué
> Qui brouillé nous et dont nous déjà las
> Devoir à zot, cé préché la concorde
> Oubli de tout et l'amour du prochain
> Zot pé pourtant faire cesser la discorde
> En donnant zot la main (bis)
>
> Plus de passion, de haine, de chimères
> Faut plus parler de préjugé de peau
> La France vlé que zenfants li soè frères
> Noir, blanc et rouge unis comme an drapeau
> Honte a céla qui vlé resté derrière
> Qui vlé croupir dam yon passé lointain
> Faut nous maché là sous même bannière
> En tenant nous la main. » (bis)

Traduction

> « Nous nous faisons la guerre depuis longtemps
> Et nous n'avons encore trouvé aucun moyen
> De nous sortir de l'affreuse misère
> Qui a déjà tué de nombreux citoyens
> Ah ! Si chacun cependant était bien sage
> Et avant tout un bon républicain

---

1. Journal schoelcheriste.

Nous serions déjà, sans faire aucun bruit,
En train de nous entr'aider.

Et vous gazettes, assez de politique
Notre pays périra hélas !
Si vous continuez à polémiquer.
Ce qui nous a brouillé et dont nous sommes las.
Votre devoir c'est de prêcher la concorde
L'oubli de tout et l'amour du prochain.
Vous pouvez pourtant faire cesser la discorde
En vous donnant la main (bis)

Plus de passion, de haine, de chimères
N'ayez plus de préjugés de race.
La France veut que ses enfants soient frères.
Noir, blanc et rouge soyons unis comme un drapeau
Honte à ceux qui veulent rester derrière
Qui veulent croupir dans un passé lointain
Il nous faut marcher sous la même bannière
En nous tenant la main. » (bis)

Bissette regagne la Martinique où il continue à être chaque jour l'objet des attentions les plus empressées. Les fêtes qui lui sont données succèdent aux fêtes.

Sa campagne se termine par un procès pour abus de chants, pour le moins épique, intenté par les partisans de son adversaire direct, Victor Schoelcher, dont la célébrité n'est plus à faire. Ce procès mit la dernière note aux concerts de chants politiques donnés à la Martinique. Il se déroula dans une atmosphère de musique et d'ironie qui ne méritent pas l'oubli, car parmi les accusés se trouvaient des membres de la société philharmonique et un musicien de « bel air » du nom de Ravel :

« Audience du 13 juin 1849

... Quelle cause burlesque j'ai à vous reproduire chers lecteurs !...
C'est dommage qu'on ne puisse créer "bis" ni demander la pièce... si vous avez assisté comme nous à la reception faite à Fort de France à M. Bissette à son retour de Saint-Pierre, si vous aviez suivi sa marche triomphale jusqu'à son domicile, vous auriez probablement le secret de ce dépit... Le prétexte fut une sénérade offerte le même jour, vers minuit à Monsieur Bissette. Voilà pourquoi l'on conduit aujourd'hui devant le citoyen Robert Juge de Paix, MM. de Vassoigne, colonel, Ruty-Bellac, contrôleur colonial, de Lagalernerie, receveur de l'enregistrement, de Cools, commis principal de marine, Lemerle avoué, Beker avoué, Ruelle imprimeur du Gouvernement, Deshons instituteur, Paret propriétaire, Ravel notre aimable compositeur de "bel airs" et votre ("odieux") serviteur Colson. »

DÉBATS

1er témoin à charge : — ... A notre arrivée tout était calme. Une demi heure après nous entendimes un violon et une voix qui chantait une

111

romance, Systac, mon compagnon, s'approcha alors de M. Lemerle. Vous troublez la tranquillité publique, lui dit-il, il est une heure indue. Les sérénades ne sont pas défendues, répondit Lemerle, ces Messieurs sont restés jusqu'à minuit.

Le juge de paix : — Est-il à votre connaissance que l'ordre public ait été troublé par ces Messieurs ? Réponse : Non...

Maître Rivet défenseur : — Tout le monde chantait-il ?

Réponse : Monsieur Ravel seul, les autres répétaient le refrain.

Le juge de paix : — D'après vous l'ordre a-t-il été troublé ?

Réponse : Je ne sais pas s'il l'a été mais on chantait assez haut et dans un certain endroit la chanson disait : « Schoelcher, Perrinon et Papy sont tombés. Bissette a triomphé. »

Monsieur Ravel : — Personne n'ignore que le 6 tout Fort-de-France chantait le triomphe de son représentant Monsieur Bissette, mon cœur patriotique ne devait certes pas rester étranger à cette joie... J'ai chanté devant sa demeure... Je ne suis pas venu ici Monsieur le Juge pour ne pas vous dire entièrement tout ce qui s'est passé. Je suis venu avec mon violon. C'est le corps du délit, j'ai dû l'apporter et je veux vous chanter sur toutes les cordes ce qui a tant blessé les longues oreilles de la police. Vous en jugerez par vous-mêmes. Vous verrez qu'avec un accent de guitare sur un violon et dans le ton de si Bémol, la voix d'un seul homme ne peut pas se traduire en charivari et vous aurez à dire aussi, après les avoir entendues, si les paroles qu'on a chantées étaient injurieuses. Les voilà : Monsieur Ravel saisi promptement son violon et chante en s'accompagnant « Chantons, dansons, voici le jour de gloire ».

Monsieur le Juge de paix le rappelle à l'ordre.

Monsieur Ravel : — Monsieur le juge de paix me permettra alors de lire ma chanson.

Monsieur le Juge de paix : — Non c'est assez...

Le procès s'est soldé par un non lieu [14].

De tous ces chants politiques, seul, celui dédié à Schoelcher a tenu tête à l'oubli. Chaque île a sa version. A la Guadeloupe il s'intitule « Schoelcher ».

Chansons des Antilles de R. Mesplé et E. Benoît, p. 20

La montagne est verte, Schoelcher chéri (ter)
La montage est verte
Schoelcher brille
Comme une étoile à l'Orient

Grâce à, grâce à Schoelcher
Qui nous a porté l'abolition de l'esclavage
Grâce à, grâce à Schoelcher
Aujourd'hui la liberté qui nous est si chère

Royoyoyo…
Royoyoyo…

Olé Angélina, joli bateau
Angélina joli bateau
Beau bâtiment qui est dans la rade
Angélina a remporté la victoire (bis)

Pour Victor Schoelcher jamais nos cœurs
N'ont point changé
Schoelcher brille
Comme une étoile à l'horizon.

A la Martinique il s'intitule « La montagne est verte ».

« LA MONTAGNE EST VERTE »

(Folklore)

Transcription: de Victor CORIDUN.

Ça c'est la Martinique de Léena Gabriel Soïme P. 17

<table>
<tr><td>Ier COUPLET</td><td>2e COUPLET</td></tr>
</table>

1er COUPLET	2e COUPLET
Avec sa plume dorée, il a tracé le bonheur Il a tracé le bonheur de ses enfants Avec sa plume dorée, il a tracé le bonheur SCHŒLCHER doit briller Comme une étoile à l'Orient (bis).	La montagne est verte, les Schœlchéristes, La montagne est verte. La montagne est verte, les Schœlchéristes, La montagne est verte. SCHŒLCHER doit briller comme une étoile à l'Orient (bis)

Ça c'est la Martinique de Léona Gabriel Soïme, p. 17

Le coup d'État de Louis Napoléon est accueilli par les Blancs avec satisfaction. L'un d'entre eux y trouvera l'inspiration d'une cantate : « A Louis Napoléon » qu'il fait publier dans le quotidien « l'Avenir de la Guadeloupe »

> Refrain
> « Fils de la Providence,
> Prince notre espérance,
> Dieu bénit tes travaux.
> Par ta vigueur, par ta prudence,
> Toi seul a pu sauver la France
> Tu sors d'un rang qui produit des héros.
>
> 1er couplet
> Des factions désolaient la Patrie,
> Mais ton étoile a surgi
> D'un peuple entier la grande voix te crie :
> Sois notre guide et notre ferme appui.
>
> 2e couplet
> Napoléon puissance magistrale,
> A ton appel que d'échos ont vibré
> Car c'est par millions que l'urne électorale
> Répand les vœux qui deux fois t'ont sacré.

114

3ᵉ couplet
L'aigle, longtemps des drapeaux exilé,
N'attestait plus un passé glorieux
Mais d'un guerrier la race est réveillée,
L'Aigle revient dans le secret des dieux.

4ᵉ couplet
Dieu mit ton don dans sa juste balance
Pour nous sauver des malheurs incertains,
Il t'a légué le bonheur de la France
A nos neveux de plus heureux destins [17]. »

En effet les colons font volte-face. Plus d'alliance avec les gens de couleur, la perspective d'un retour à l'Ancien Régime les rend à nouveau hautains. Plus de Marseillaise, plus de chants et de bel airs républicains en l'honneur de Bissette et de Schoelcher. Voici revenu le règne du « Domine Salvum Fac Imperatorem », mieux du « Domine Salvum Fac Imperatorem Napoleonem ».

Le nouvel empereur ne rétablit pas l'esclavage comme le craignaient les Noirs et Gens de Couleur. Pour faire entendre sa politique, il préfère user de l'autorité morale de l'Église en plus de son autorité religieuse. Aussi les gouverneurs ne manquent aucune occasion de souligner la convergence des deux pouvoirs.

Mais l'égalité des droits et des hommes reste un simple acte politique, le préjugé de races remplace le système de l'esclavage. Les colons et l'Église sont hostiles à l'esprit d'indépendance des cultivateurs, d'autant que l'économie sucrière s'effondre. Il faut remodeler les idées des Noirs. Cette tâche délicate et complexe est confiée aux prêtres qui enseignent que le travail est la loi de l'existence. La Bible ne dit-elle pas que l'homme doit gagner son pain à la sueur de son front ?

A nouveau la musique religieuse et les chants impériaux des deux Napoléon deviennent la musique du pouvoir, car Napoléon III veut réhabiliter son oncle. Le quinze août est à la fois fête des deux empereurs et la fête de la Vierge. « Les fêtes patronales, les fêtes de sociétés ou des mutualités, les premières communions surtout eurent un éclat extraordinaire. Dans les villes épiscopales, il y avait fort souvent de magnifiques cérémonies avec tout le déploiement de pompe et de luxe qu'exige la liturgie... Les processions et les cortèges religieux se faisaient avec le concours des troupes et avaient quelque chose de grandiose et d'imposant qui plaisait aux foules [19]. »

Ce faste n'est pas sans impressionner les Noirs prédisposés à la fête et sensibles à la musique.

La Toussaint, la Noël, la Fête Dieu sont l'objet de cérémonies grandioses, car pour remodeler les idées, les prêtres s'appliquent à rapprocher la vie du Christ de celle des Noirs. N'est-il pas né sur une terre étrangère ? d'une famille humble ? N'a-t-il pas eu une vie misérable jusqu'à en mourir crucifié ?

Elles sont au nombre de six : la Toussaint, la Noël, la Fête Dieu, l'Ascension et Pâques. Elles sont l'objet de cérémonies fastueuses car elles permettent aux prêtres d'illustrer les conseils donnés pendant la messe et la catéchèse.

Le Vendredi Saint. Lors de ces cérémonies les prêtres prêchent la résignation à la population déçue, opprimée, confrontée aux inégalités sociales et raciales. Ils lui rappellent les souffrances du Christ, sa cruxification. Sensible, crédule, elle suit avec humilité, affliction les chemins de croix. Les fidèles les bras étendus pendant des heures prient aux pieds du Christ, et essayent de revivre lors des quatorze stations qui mènent au Calvaire les souffrances de Jésus en chantant les vingt-quatre couplets du « Mater Dolorosa » et le cantique « Vive Jésus, Vive sa croix ».

La Noël. C'est la fête religieuse qui a le plus grand impact sur les Noirs. Ils puisent dans les cantiques proposés par les prêtres toutes les raisons de supporter leur condition. C'est la fête anniversaire de la naissance du Fils de Dieu qui choisit de naître pauvre « pour venir les tirer des fers » comme le dit le cantique « Michaud veillait ». Il se crée entre eux et le Christ une complicité qui renforce leur foi et émousse toutes velléités de se rebeller.

Les prêtres, dans un but à la fois pédagogique et politique, font des crèches vivantes dans les églises et enseignent des cantiques répondant à la sensibilité de la population et à la conjoncture sociale. Ils n'hésitent pas à y ajouter des couplets circonstanciés. C'est ainsi que dans le cantique le plus populaire *Michaud Veillait* se trouve un troisième couplet qui ne se trouve pas dans l'original :

> « Un pauvre toit (bis)
> Servait de couverture
> A la maison (bis)
> De ce roi de Sion
> le vent sifflait (bis)
> D'une horrible froidure
> Au milieu de l'hiver
> Il vient, il vient
> Pour nous tirer des fers. »

La Fête Dieu. Bien que ce soit une fête de bourgeois, car pour organiser et faire partie de la procession, il fallait être marié religieusement, et avoir une certaine aisance financière, les noirs suivent le saint sacrement avec ferveur. La féerie déployée et les cantiques plaisent. Et puis comment ne pas honorer « Dieu le Père » ?

La procession se déroulait en présence des autorités civiles avec le concours de la troupe. « Le cortège se composait du Suisse en tête et en costume de fête avec l'habit à la française, le plumet sur le chef, la massier d'une main et la hallebarde sur l'épaule, suivi de la croix, des confréries, elles aussi en costumes de circonstances portant leurs bannières, des femmes, des anges avec au coup de grands paniers enrubannés remplis de pétales de fleurs qu'ils semaient sur le passage du Saint Sacrement qui les suivait, abrité sous un dais de drap d'or. Les fidèles dans leurs plus beaux habits fermaient la marche. La procession s'arrêtait aux différents reposoirs. Ceux-ci faisaient état d'un luxe inouï. Le long du parcours, les balcons de toutes les maisons étaient décorés de fleurs, d'images de saints, de drapeaux. Les habitants qui ne processionnaient pas chantaient avec le clergé et les fidèles, les différents « Tantum Ergo » et le « Pane Lingua Gloriosi ». Mieux, ceux qui possédaient des organinas (pianos mécaniques) actionnaient leurs instruments sur le passage du Saint Sacrement. » Ajoutons à cela le cérémonial de l'arrivée des autorités civiles et militaires à l'église avant le départ de la procession :

> « Réunion des autorités civiles, militaires, et corps judiciaire, à sept heures moins le quart pour se rendre en cortège à la cathédrale pour la messe. Haie de soixante-quinze hommes du deuxième régiment d'Infanterie de Marine, plus vingt-cinq hommes de l'artillerie avec sapeurs, tambours et gendarmes... Lors de la bénédiction de la mer pendant la procession vingt et un coups de canon tirés de la batterie Caroline et une salve tirée des bâtiments pavoisés dans la rade. »

Toujours dans un but politique et moralisateur, les prêtres consentent à déroger aux principes de l'Église. Ils accordent à tous les baptisés des obsèques de premier ordre quels que soient leur rang social et leur fortune. Mieux ils tolèrent les rites des « sociétés » reconnues.

Les enterrements. Dans ce contexte politico-religieux et social, l'Église est obligée d'user de diplomatie pour masquer toutes les inégalités qu'elle absout. Elle accorde alors à tout baptisé quelle que soit sa position sociale un enterrement grandiose.

> « On n'épargnait rien pour leur donner toute la solennité possible. Les cloches sonnaient des journées entières, au point d'être fatigantes. Les églises étaient toutes tendues de noir, on allumait des quantités de cierges, et dans les rues se déroulaient d'interminables cortèges d'une impressionnante lenteur. Outre les enfants de chœur, les chantres, les confréries avec leurs bannières, les sociétés avec leurs drapeaux, on convoquait le plus de prêtres possible. A certains grands enterrements il y avait tous les pères du collège. Avec le clergé paroissial, cela faisait parfois plus de 20 ecclésiastiques, en habit de chœur. Et cela durait des heures... Il faut noter qu'on enterrait tout le monde, même les francs-maçons, même les concubinaires [20]. »

Lorsqu'il s'agissait d'un membre d'une des sociétés reconnues, les présidents avaient la possibilité pendant la conduite au cimetière du corps de procéder aux rites d'usage. Ils variaient selon la profession du défunt.

> « Les uns précèdent le cercueil portant les attributs du métier, les autres suivent avec des pantomines et des gestes bizarres (entendez

danses), tous vocifèrent des hurlements (des chants s'entremêlent aux cris des pleureurs). Puis de distance en distance le mort exécute des stations et s'il est cuisinier on fait des simulacres de la cuisine sur le cercueil, s'il est arrimeur on le roule comme une barrique de sucre. Si c'est une blanchisseuse les femmes feignent de laver leur linge en frappant sur la bière comme sur un battoir. Le cortège reprend sa route, et dans le chemin du cimetière, il fait une dernière pause et essuie de nombreuses salves d'artillerie. On arrive enfin au cimetière, et c'est là que se développent dans tous leurs détails, sous les ordres des maîtres de cérémonies, ces solennités bouffonnes qui se prolongent fort avant dans la soirée [21]. »

LES FÊTES CIVILES ET OFFICIELLES

Non seulement elles coïncident avec les fêtes religieuses, mais la Martinique se voit dotée d'intentions particulières. Napoléon III offre aux habitants une statue de l'impératrice Joséphine. Les cérémonies d'inauguration durent plusieurs jours et attirent les étrangers. A cette occasion les musiques royales anglaises, car les gouverneurs des îles avoisinantes ont été invités, se mêlent aux chants impériaux des deux Napoléon. Des messes solennelles et des concerts sont donnés à Fort-de-France simultanément pendant la durée des festivités et le soir, la Savane devient le lieu de rencontre de la population. On pouvait y voir les danses africaines, créoles et indiennes, car pour assurer la culture de la canne à sucre les colons sont obligés de faire venir de la main-d'œuvre étrangère, africaine et indienne. C'est à cette période que le pianiste compositeur Gottschalk, a donné quelques concerts et même séjourné quelques années. Accompagné du violoniste Allard, tous deux jouent des œuvres de musique légère telle *Fantaisie* sur « La Muette » de Portici et surtout des œuvres de Gottschalk : « *La Savane* » ballade créole, transcrite et variée. En effet, notre pianiste originaire de la Nouvelle Orléans composait beaucoup de musique légère dans laquelle il mélangeait tous les styles : européen, créole, noir, latino-américain. Il amusait les européens mais « ne dérange(ait) par leur équilibre émotif » [22]. Pour cela il fut rangé dans la catégorie des pianistes talentueux, mais extravagant et peu sérieux, car, il sillonait tous les continents, se joignait aux Amateurs des villes qu'il visitait et n'hésitait pas à faire jouer 82 pianos à la fois.

La politique de Napoléon et le calme social des îles attire donc les artistes de renom. Ils les inscrivent les îles dans leurs tournées.

LES CONCERTS

Les concerts publics bihebdomadaires sont maintenus. Les concerts privés font salle comble. En effet, l'accueil enthousiaste réservé aux artistes de passage encourage les autres. Il nous a semblé que leur énoncé serait fastidieux, nous n'avons retenu que les noms des plus prestigieux ! Madame Fabri prima dona assoluta des théâtres de Milan, Vienne, Berlin, des Académies de musique de New York, Boston, Philadelphie. Madame Gabarto soprano de la Scala de Milan, des théâtres de Naples, Florence, New York, Havane, Mexico.

Pendant les campagnes électorales M. Charvet tente bien de donner des spectacles, mais l'absence des spectateurs lui signifie l'inopportunité de son entreprise. Napoléon III au pouvoir les représentations recommencent.

La première saison débute à Saint-Pierre en 1852. Elle est interrompue une fois de plus par une épidémie de fièvre jaune. Courageusement Pérone avec les comédiens valides reprend les spectacles. Mais alors il est obligé de faire appel à des artistes sur place. Pas assez rigoureux dans ses choix, les spectateurs se plaignent et pratiquent la politique de la chaise vide. Mis en difficulté, il démissionne. Les deux îles sont privées de théâtre pendant cinq ans. Entre-temps à la Guadeloupe, un Amateur, M. Beaudot, écrivant sous le pseudonyme de Fondonc, car il est notaire de son état, occupe la scène. Il fait jouer une de ses comédies « Fondonc et Thérèse » qu'il nomme pompeusement opéra, et une bleuette, « Madame Fringal » ces deux pièces étant entièrement écrites en créole. Nous n'avons malheureusement pas retrouvé la partie musicale. « Fondonc et Thérèse » est donné pour la première fois le 9 mars 1856 avec la comédienne madame Roche dans le rôle de Thérèse. Elle qui n'avait jusque-là joué que des seconds rôles devient une double héroïne, sur scène et dans la vie.

L'année d'après, malgré ses difficultés, M. Pérone obtient le renouvellement de son contrat pour une durée de cinq ans. Mais il n'assure ses saisons que la dernière année de son contrat. Désirant vraisemblablement en obtenir la reconduction, il recrute une excellente compagnie italienne en tournée dans une île voisine anglaise, et pour la première fois aux îles, des opéras entiers sont chantés : « Ernani », « le Trouvère », la Traviata, Lucie de Lammermoor, le Barbier de Séville, La Norma pour ne citer que les plus célèbres. Les costumes et décors sont splendides, les artistes de qualité. Ses efforts sont vains. Deux nouveaux directeurs, un pour chaque île, obtiennent les privilèges : un guadeloupéen pour la Guadeloupe, M. Bérard, et M. Bertrand pour la Martinique. Ils arrivent avec de nouveaux artistes talentueux, et les œuvres qui tiennent l'affiche à Paris : « La Fille du Régiment », « La Dame Blanche », « Le Domino Noir », etc., ainsi que des vaudevilles. Mais les artistes ne sont engagés que pour un spectacle ou deux au plus, le recrutement pour une saison entière étant trop onéreux. Malgré les subventions municipales ils sont en difficulté et sont obligés de réduire le nombre de musiciens jusqu'au piano conducteur. De plus en plus endettés, ils font appel aux artistes de valeur secondaire, c'est l'erreur fatale. Le mécontentement est d'autant plus grand que les soprani des grands théâtres européens donnent des concerts de qualité dans les salons des cercles privés.

LES BALS

Chants politiques, concerts, opéras et vaudevilles ne viennent qu'en contrepoint de la musique des bals qui connaissent un attrait sans failles.

Leur fréquence, et les échos de leurs musiques perturbent le sommeil des citadins et irritent les Amateurs qui se plaignent par voie de presse, car les bals publics deviennent de plus en plus nombreux. Mais voilà, les nouveaux citoyens ont maintenant le droit de réponse. Écoutons les doléances des Amateurs :

« Samedi dernier a eu lieu le premier bal de la saison... Nous pensions qu'avec la création de notre société philharmonique la classique clarinette était à jamais entérrée. Mais hélas si nous n'avons pas eu à supporter les ''couacs'' de cet instrument, nos oreilles n'ont pas moins souffert des sons aigus d'un flageolet sans bec, et des grincements d'un violon faux, payés tous deux fort cher. Cependant nous devons des remerciements aux dames qui ont bien voulu jouer quelques quadrilles et à ceux des Amateurs dont la complaisance n'est jamais en défaut.

Réponse : Souffrez qu'un pauvre flageollet vienne réclamer une petite place dans votre journal pour s'excuser d'avoir pu vous déplaire et ensuite vous donner quelques explications qui je n'en doute pas, convertiront en éloges toute la critique que vous déversez sur lui dans vos colonnes. Nous étions deux mais comme vous... m'avez signalé à la risée publique, en déclarant que j'étais sans bec, c'est à moi qu'appartient la défense. Quel peut être donc mon crime à vos yeux ? La musique de Messieurs les Amateurs est sans doute bien préférable à la mienne, elle joint la perfection à l'harmonie et double au moins le plaisir de la danse. Mais aussi comme tout ce qui est parfait, elle est rare et se fait souvent désirer de vos danseuses impatientes... et le bal devient désert. J'apparus alors... la société est sauvée... Je suis toujours sur la brèche et la gaité circule partout... Ensuite, Monsieur le Rédacteur dois-je vous rappeler la renommée bien méritée dont jouit le flageolet... que vous opprimez et qui fut de tout temps chanté par nos poètes. Aussi je ne doute pas que de concert avec votre confrère ''l'Avenir''... vous ne fassiez une réclamation toute en ma faveur et n'insistiez près de MM. les commissionnaires du prochain bal pourqu'ils m'accordent une juste augmentation de prix afin que je puisse introduire dans mon orchestre les améliorations que vous désirez.

Anténor premier flageolet de Pointe à Pitre [23]. »

La reproduction de ces articles nous amène à vous parler du cotillon. Il conquiert les salons comme l'avaient fait auparavant la mazurka et le quadrille. Les similitudes avec ces deux danses, les divertissements qu'il permettait (déguisements, jeux de l'amour) sont à l'origine de son succès, sans compter la fierté qu'avaient les musiciens d'interpréter successivement des danses différentes.

Sa popularité le fera délaisser par les colons qui n'entendent absolument pas se distraire aux mêmes danses que leurs domestiques ou les anciens esclaves. Ils lui préféreront la valse, la contrevalse et la polka. En effet, il est fini le temps où les colons souriaient à voir les esclaves les imiter. Maintenant ils ressentent une sorte d'agacement, et cherchent par tous les moyens à se différencier de ces nouveaux citoyens.

L'Église elle, encourage le cotillon tout comme la maziouk et la haute-taille, car ils permettent aux Noirs de sacrifier au symbole de la danse de la fécondité, sans simuler l'acte sexuel.

Les enseignements et cérémonies religieux ont des prolongements dans la vie quotidienne des Noirs. Des traditions créoles nouvelles voient le jour : les veillées de Noël, populairement appelées crèches, et les veillées mortuaires. A ce propos on peut parler de cantiques créoles. En effet l'action évangélisatrice des prêtres est large et habile, et les Noirs qui n'avaient en fait jamais rejeté leurs croyances tout en pratiquant la religion catholique, adhèrent au discours de l'Église qui fait preuve de tolérance. Ils font un savant dosage de leurs anciens et nouveau cultes. Les bel airs et les cantiques fusionnent.

LES CRÈCHES

Les circonstances de la naissance du Christ, la multiplicité des cantiques narratifs, mélodieux et gais, les veillées, les crèches vivantes, tous les éléments sont réunis pour que la Noël devienne une fête créole, l'Église y mêlant elle-même le sacré et le profane.

C'est avec conviction et naïveté que les Noirs préparent leur fête. La situation familiale de Jésus n'est-elle pas similaire à la leur ? Joseph n'est que le père nourricier de Jésus, Marie et lui sont hors de leur pays natal, démunis de tout, même d'un logement. Cette similitude de situation, en plus de l'association du sacré et du profane trouve une telle résonance dans la population qu'avec la complicité des prêtres, les cantiques se métamorphosent ; on leur adjoint des bel airs grivois et irrévérencieux qui sont aussi divers que le sont les communautés d'origine.

Des traditions se forment : pendant l'Avant, les Noirs passent dans les rues, entrent chez leurs voisins et annoncent la bonne nouvelle en chantant « La Bonne Nouvelle » ou « Allez mon voisin, allez à la crèche ». Tous, cahiers en main, hurlent les différents cantiques appris par les prêtres. Le soir de Noël la communauté se rend à la messe de minuit toujours en chantant à pleine voix les cantiques. Le plus populaire d'entre eux est « Michaud veillait », il doit son succès à ce fameux troisième couplet ajouté par les religieux.

Chaque île a sa version, et Marie-Galante, la dépendance de la Guadeloupe, a aussi la sienne.

Version française

1 000 chants choisis par Jean Edel Berthier, p. 188

Version de la Guadeloupe :

Chansons des Antilles. R. Mesplé et E. Benoît, p. 74

Traduction de la coda :
« Ce n'est personne d'autre que compère Michaud
Qui a dit que Saint-Joseph n'est pas le père de Jésus. »

Version de la Martinique :

Puis le chœur enchaîne aussitôt le refrain créolisé :

Un autre cantique mérite qu'on s'y attarde « Joseph mon cher fidèle ». Il raconte les tribulations de Joseph et de Marie à l'approche de la naissance de leur enfant. Nous pensons que la pauvreté du couple, son exil, sont à l'origine de cette adoption, mieux, de son appropriation, car c'est bien d'une appropriation qu'il s'agit. Aujourd'hui encore il serait imprudent de dire aux paysans que ces cantiques ne sont pas les leurs.

Nous communiquons le texte du cantique à titre indicatif.

<table>
<tr><td>I</td><td>II</td></tr>
<tr><td>Joseph mon cher fidèle
Cherchons un logement
Le temps presse et m'appelle
A mon accouchement</td><td>Dans ce triste équipage
Marie allons chercher
Partout dans le voisinage
Un endroit pour loger.</td></tr>
</table>

Je sens le fruit de vie
Ce cher enfant des cieux
Qui d'une sainte vie
Va apparaître à nos yeux.

Ouvrez voisin la porte
Ayez compassion
D'une vierge qui porte
Votre rédemption.

III

Dans ce triste équipage
On craint trop le danger
Pour donner le passage
A des gens étrangers.
Au logis de la lune
Vous n'avez pas logé
Le chef de la commune
Pourrait bien se venger.

La Martinique a deux versions mélodiques, elle ne chante que les deux premiers couplets. Sachant que le choix des cantiques était laissé à l'appréciation des prêtres, ceci donc n'a rien d'étonnant.

Première mélodie sur un tempo de valse lente :

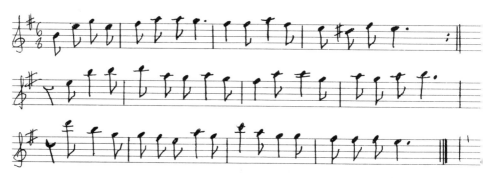

Puis les deux couplets sont repris et enchaînés sur un rythme de biguine très rapide. Il retrace l'impatience de Marie qui est sur le point d'accoucher :

La Guadeloupe nous offre une autre version créole : les trois couplets sont suivis d'un bel ai dans lequel la partie créole : « moin inmin' ou » est remplacée par : « Regina chè, Regina vinjon ».

124

A la fin du couplet tous chantent sur un tempo très rapide :

Voici la deuxième version mélodique de la Martinique. Chaque couplet est chanté deux fois de suite chacun sur un air différent. Le rythme accompagnateur est celui de la biguine (rythme de la fécondité), et le cantique s'achève par un bel air irrévérencieux vu par un catholique, naïf vu par un animiste :

1re Mélodie modérée

2e Vif mélodie vive

Le belair :

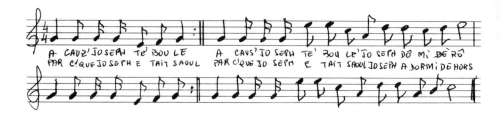

Transcrit par l'auteur

À Marie-Galante ce même chant a un rythme berceur, et la mélodie est encore toute différente.

Transcrit par l'auteur

La musique des ruraux. L'exploitation et le mode de vie des plantations demeurant inchangés, il en est de même des chants de métier. Ceux des travaux collectifs et des coups de mains restent gais et les chants individuels tristes : « La chanson des bouviers à la charrue est une mélopée puissante qui s'adresse aux bœufs seuls comme une douce et prenante incantation. » Certaines complaintes, remontant aux siècles passés sont profondément tristes par exemple ce refrain :

Si la mô ka vini
Di li moin lé mô
Oui moin lé mô.

Si la mort vient
Dis-lui que je veux mourir
oui je veux mourir [26].

De nos jours encore nous retrouvons ce caractère incantatoire dans les chants de la préparation du manioc :

Transcrit par l'auteur

o ti cé ol' la jôdi
tounè moulin la jôdi
Laissè moin tiré rôl' la

Traduction :
Grâgeurs nous sommes arrivés où sont les tambouriers aujourd'hui
Où sont les rôles aujourd'hui
Tournez le moulin aujourd'hui
Laissez-moi tirer les rôles

La musique des citadins. Elle poursuit imperturbablement son évolution. L'engouement des caf' conc' gagne les colonies. Les villes se mettent au diapason et une fois de plus les cabarets de Saint-Pierre s'imposent à tous les autres. Il est vrai qu'ils étaient déjà chantants, mais ils n'étaient alors surtout fréquentés que par la gent masculine : esclaves, marrons, marins et derniers affranchis. Ils se modernisent, s'alignent sur ceux de Paris. On y boit bien sûr, mais on y fait aussi des rencontres féminines, et, dans ces nouveaux lieux, les femmes deviennent les vedettes. Elles chantent, elles dansent et tiennent compagnie aux consommateurs. La clientèle masculine s'étend, colons fortunés, ouvriers marins, bourgeois, s'y côtoient. Il va sans dire que la faune féminine est pittoresque et multiraciale.

« MOIN DESCEN'N SAINT-PIERRE » (Biguine)
(Folklore)

Transcription de Victor CORIDUN

1er COUPLET

Manman moin dit moin
Tit Asson mon fi
Daubanne rive
Faut ou descen'n Saint-Piè
Aille acheté ba moin (bis)

2e COUPLET

Quand moin rivé Saint-Piè
Daubanne té fini
Caille Bébé Fois
Moin amusé moin
Epi Julie Cabosse

3e COUPLET

Moin descen'n Saint-Piè
Pou chèché daubanne
Moin pas trouvé daubanne
Moin trouvé bell' femme
Moin amusé moin (b's)

REFRAIN

Ah ! sirop femme Saint-Piè doux
Ouaille sirop femme Saint-Piè doux
Ah ! sirop femme Saint-Piè doux
Moin caille Saint-Piè pou moin amusé moin (bis)

Ça c'est la Martinique de Léona Gabriel Soïme, p. 91

« Je suis descendu à Saint-Pierre »

Maman m'a dit
Ti Asson mon fils
Les pots d'Aubagne sont arrivés
Il faut que tu descendes à Saint-Pierre
Que tu ailles m'en acheter

II

Quand je suis arrivé à Saint-Pierre
Les pots étaient épuisés
Chez Bébé Faïs
Je me suis amusé
Avec Julia Cabosse

III

Je suis descendu à Saint-Pierre
Pour chercher des pots d'Aubagne
J'ai pas trouvé des pots d'Aubagne
J'ai trouvé de belles femmes
Je me suis amusé

Refrain

Ah ! le sirop des femmes de Saint-Pierre
est doux
Ouaille le sirop des femmes de Saint-Pierre
est doux
Ah ! le sirop des femmes de Saint-Pierre
est doux
Je vais à Saint-Pierre pour m'amuser

Cependant les nouvelles biguines et mazurkas ne doivent pas toutes leur éclosion aux cabarets. Dans ces ports où déjà le libertinage prédominait, l'affluence des anciens esclaves, les difficultés de leur nouvelle vie, leurs amours, les danses et chants français, américains apportés par les marins des « bâtiments à nourriti la »[2] ou « bâtiments à mangé la »[3] ou encore « a goélett' la » qui mouillent dans la rade, les « misic » égrenées dans les rues par les « dimoiselles » sont autant de sources d'inspiration. Cabarets et bals deviennent les centres de diffusion de la musique nouvelle. Tout y est relaté : les injustices sociales, les passages des comètes, les départs obligés pour la pêche à Terre-Neuve, les intrigues amoureuses, les désespoirs. Ces chants sont de véritables peintures de mœurs.

---

2. Bâtiment de nourriture.
3. Bâtiment de manger.

« CE CON ÇA OU YE... BELLE DOUDOU » (Biguine)

(Folklore)

Transcription de Victor CORIDUN

1er COUPLET

Moin ka travail six jours dans la semaine
Hélas ! trois jours pou moin
Trois jours pou doudou moin
Samedi rivé blanc a pas payé moin
Fem'm la prend en poignard
Pou i ça poignardé moin.

2e COUPLET

Moin fè en charme pour charmé l'amou
Hélas ! moins réfléchi ayen du force pas bon
Moin prend charme là, moin jété' i dans lan mè
Si n'homme là ainmin moin, i a maché déyè moin (bis)

3e COUPLET

Ayin du plus bel.. ayin du plus joli
Cé quand deux moune fâché pour yo réconcilié yo
Quand yo, couché à sou cabane yo
Reproche yo ka fè yo ka interromp le voisinage.

REFRAIN

Çe con ça ou yé bel doudou, ce con ça ou yé
En me disant tit n'homme moins bel
Ou ka profité a sou faiblesse cœu moin
En me disant tit femme moin joli
Ou ka profité a sou faiblesse cœu moin (bis).

Ça c'est la Martinique de Léona Gabriel Soïme, p. 113

Traduction :

I

Je travaille six jours dans la semaine
Hélas trois jours pour moi
Trois jours pour mon doudou
Le samedi est arrivé et le Blanc ne m'a pas payé
La femme a pris un poignard
Pour me poignarder.

II

J'ai fait un charme pour charmer l'amour
Hélas j'ai réfléchi, rien de forcé n'est bon
J'ai pris le charme, je l'ai jeté à la mer
Si l'homme m'aime
Il me courra après.

III

Il n'y a rien de plus beau... Rien de plus joli
Que deux personnes fâchées qui se réconcilient
Quand ils sont couchés sur leur cabane
Les reproches qu'ils s'adressent interrompent le voisinage.

129

Refrain

C'est comme cela que tu es, belle doudou, c'est comme cela que tu es
En me disant : Mon p'tit homme est beau
Tu profites de ma faiblesse
En me disant : Ta p'tit' femme est jolie tu profites de ma faiblesse.

« L'ANNEE TA LA... BANN LA MEDIA »

(Folklore)

Transcription de Victor CORIDUN

Ca c'est la Martinique de Léona Cabriel Soïme P. 65

1er COUPLET

Travail dans canne cé pas pou nous
Travail dans canne mauvais pour nous
Poil zan nan na' a ka piqué nous
I ka poussé dar lan main nous (bis).

2e COUPLET

L'annee passee nous te febo
L'annee passee nous te molo
L'annee passee nous te falo
L'anne ta le nous ni la force (bis)

3e COUPLET

Manmaille en nous monté Miquelon
Yo signalé nous en ban thons
En nous oué ça nous ka trouvé
Si cé lan mô ou bien la vie (bis).

REFRAIN

L'annee ta la... ban'n la Média
L'annee ta la...
L'annee ta la nous que agi en conséquence (bis)

Transcription de Victor Coridun
Ça c'est la Martinique de Léona Gabriel Soïme, p. 66

Traduction

I

Le travail de la canne n'est pas pour nous
Le travail de la canne est mauvais pour nous
Les poils d'ananas nous piquent
Ils poussent dans nos mains (bis)

II

L'année dernière nous étions faibles
L'année dernière nous étions mous
L'année dernière nous étions falots
Cette année nous avons de la force.

III

Mes enfants partons à Miquelon
On nous a signalé une bande de thons.
Allons voir ce que nous trouvons
Si c'est la mort ou bien la vie.

Refrain

Cette année... amis de la Média
Cette année
Cette année nous agirons en conséquence. (bis)

« *Vive volcan* » est satirique. Cette biguine raconte que les éruptions volcaniques ne sont pas des catastrophes pour tout le monde.

Transcription de Victor CORIDUN

1er COUPLET

Saint-Piè brûlé, Inini ouvè,
Tout' vagabond descen'n Saint-Piè chèché l'agent ;
Yo ka poté soulié verni,
Complet cosco yo a sou yo,
En gros chainne montre pen'n douvant yo
Yo ka crié « Vive Volcan » a.

2e COUPLET

Saint-Piè brûle, Inini ouvè,
Tout' malfaiteu descen'n Saint-Piè chèche l'agent .
Yo bâti maison vitrée,
Yo ni calèche à deux chevaux,
Yo ni trois bonnes à la maison,
Yo ka crié « Vive Volcan » a.

3e COUPLET

Quant a pou cé belles madames là,
Habillées en broderies anglaises,
Gros chaine forçat yo dans cou yo.
Bottes à panpon yo dans pied yo,
Z'anneaux brillant dans z'oreilles yo,
Z'épingles en or dans chuveux yo,
Yo ka crie « Vive Volcan » a

Ça c'est la Martinique de Léona Gabriel Soïme, p. 119

Traduction

I

Saint-Pierre a brûlé, elle n'a fait que s'ouvrir
Tous les vagabonds sont descendus pour chercher de l'argent ;
Il sont en souliers vernis
Leur complet cosco est sur eux
Une grosse chaîne de montre pend devant eux
Ils crient « vive le volcan ».

II

Saint-Pierre a brûlé elle n'a fait que s'ouvrir
Tous les malfaiteurs sont descendus chercher de l'argent
Ils ont construit des maisons vitrées,
Ils ont des calèches avec deux chevaux,

131

Ils ont trois bonnes à la maison,
Ils crient « Vive le volcan ».

III

Quant à ces belles dames
Habillées de broderies anglaises
Avec leur chaîne forçat au coup
Leurs bottes à pompons
Des anneaux brillant dans leurs oreilles
Des épingles en or dans leurs cheveux
Elles crient « Vive le volcan ».

« *Gade ça ! Gade ça ! Gade ça !* au contraire dépeint la misère laissée
chez les pauvres après l'éruption.

Transcription de Victor CORIDUN

Ça c'est la Martinique de Leona Gabriel Soïme p. 123

1re COUPLET

Moin sinistre.. moin ni malheu,
Moin ni malheu passé pèssonne,
Moin sinistré... moin ni déveinne,
Moin ni déveinne passé pèssonne (bis).

2e COUPLET

Moin sinistré... moin pas ni chance,
Moin pas ni chance a sou la té,
Moin sinistré... moin toumenté,
Moin toumenté passé pèssonne.

REFRAIN

Gade ça ! Gadé ça , Gadé chumise la' yo ba moin' a.
Gadé ça : Gadé ça ! Manche chumise la trop coute pou moin
Gadé ça ! Gadé ça ! Gadé culotte la' yo ba moin' a
Gadé ça ! Gadé ça ! Culotte la trop pitit pou moin.
Gadé ça ! Gadé ça ! Gadé soulié' a yo ba moin' a.
Gadé ça ! Gadé ça ! Soulié' a trop pitit pou moin.

Ça c'est la Martinique de Léona Gabriel Soïme, p. 123

I

Je suis sinistré, Je suis malheureux
J'ai plus de malheur que personne
Je suis sinistré, J'ai de la déveine
J'ai plus de déveine que personne.

Je suis sinistré... Je n'ai pas de chance
Je n'ai pas de chance sur terre,
Je suis sinistré... Je suis tourmenté
Je suis plus tourmenté que personne.

Refrain

Regardez, regardez, regardez la chemise que l'on m'a donnée
La manche de la chemise est trop courte
Regardez la culotte que l'on m'a donnée
La culotte est trop petite pour moi
Regardez les souliers que l'on m'a donnés
Les souliers sont trop petits pour moi.

Nous terminerons par « *Charlotte Bosse à Coco* ». C'est l'histoire d'une ménauposée qui quoique infirme, est très courtisée la nuit, et pour cause.

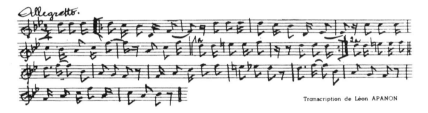

Transcription de Léon APANON

1er COUPLET

Si lan nuite té ka palé
Si lan nuite té ka causé
Si lan nuite té ka i palé
Nous té ké connète la vie Charlotte (bis).

2e COUPLET

Grand'manman ka dit ba nous
I ja prend en seul bon n'homme
Cété n'homme Cayenne là
Qui ba' i poté l'or crisocal (bis).

3e COUPLET

Grand Jacquette ou trop pas bon
Avant' ou té rentré la geôle, a
Ou prend tit popoté' là
Ou poté' i ba bébé guinée (bis).

REFRAIN

Charlotte bosse a coco
Laissez la vie ba la jeunesse (bis).

Ça c'est la Martinique de Léona Gabriel Soïme, p. 175

Traduction

I

Si la nuit parlait
Si la nuit causait
Si la nuit allait parler
Nous connaîtrions la vie de Charlotte (bis)

II

Grand'mère nous dit
Qu'elle n'a jamais eu qu'un seul homme

C'était l'homme de Cayenne
Celui qui lui offrit de l'or crisocal (bis)

III

Grand Jacquette tu es trop méchante
Avant d'aller en prison
Tu as pris la petite poupée
Tu l'as portée à Bébé Guinée

Refrain

Charlotte la bossue comme un coco
Laisse la vie à la jeunesse.

Le Carnaval. Certes il n'y a plus d'esclaves, mais leurs « sociétés » demeurent, elles deviennent des corporations patronnées par un saint, et rivalisent entre elles. Sous le couvert du masque et du déguisement, les présidents de certaines sociétés dites secrètes, officient sans crainte. Leurs masques provoquent l'épouvante : ils sont précédés de coups de sifflets stridents et de claquements de fouets, leurs chants à la fois satiriques, sibyllins, culpabilisateurs et moralisateurs, désignent les fauteurs de l'année qui, dès lors qu'ils se reconnaissent, vivent dans l'angoisse de la sentence des dieux non précisée dans le temps et dans la forme.

Parlons d'abord des masques les plus spectaculaires, les coiffes représentant des bateaux et des maisons : les « mass à toques ». L. Frauley explique que le bateau ferait partie des accessoires d'une confrérie qui s'occuperait de combattre ses membres, victimes de charmes ou de malédictions.

> « Avant la réalisation de l'armature des chapeaux, les adeptes donnaient une grande fête au cours de laquelle ils faisaient bouillir des peaux de mouton dans de l'eau salée, coupée d'une grande quantité de rhum. Ces préparatifs s'accompagnaient de danses. D'autres fêtes avaient lieu aux différentes étapes de la fabrication du chapeau. La veille de sa ''sortie'' à travers les rues de la ville ou du village, ils se réunissaient tous dans un cimetière pour le rituel d'usage, qui consistait en prières, chants et danses ordonnancées afin d'appeler l'esprit de la mort qui désormais accompagnerait les danseurs pendant la durée des parades. Celles-ci étaient payantes. Le dernier jour on brûlait le chapeau entièrement. Pendant tout le temps que le chapeau restait en possession de la confrérie, l'esprit le suivra [27]. »

Un autre masque était respecté, l'échassier « ou mocco zombi ». Il dominait la foule coiffé de son masque. Il dansait en agitant des clochettes et en chantant d'une voix de ventriloque. Il était particulièrement redouté des petits à cause de sa voix, et des initiés parce que celle-ci était pour eux celle des Anciens. Mais sa hauteur et son agilité attiraient tous les regards.

Ses chants justiciers en fait étaient connus dès la nuit de Noël, car cette nuit-là on fêtait deux naissances, celle du Christ et celle du chant qui porterait sur la voie publique les amours illicites, les actions immorales ou antisociales des personnages dits responsables. Ils faisaient leur sortie avant les masques. Faut-il y voir seulement un coïncidence ? Les jours gras, ils étaient portés à la connaissance de tous.

« Ah ! Boléro »

Ah ! Boléro, pas lévé l'an main sù crapaud
Siou lévé l'an main sù crapaud
Ou lévé l'an main sù manmanou' alors
Ah ! Boléro, pas lévé l'an main sù Crapaud

Siou lévé l'an main suù manamnou
Ou lévé l'an main sù crapaud alors
Ah ! Boléro pas lévé l'an main sù manmanou.

Traduction
Ah ! Boléro, ne lève pas la main sur le crapaud
Si tu lèves la main sur le crapaud
Tu lèves la main sur ta mère alors
Ah ! Boléro, ne lève pas la main sur le crapaud

Si tu lèves la main sur ta mère
Tu lèves la main sur le crapaud
Ah ! Boléro, ne lève pas la main sur ta mère

Il s'agit ici d'un homme qui a osé frapper sa mère, or la mère est sacrée tout comme est sacré le crapaud. La sacralisation du crapaud, viendrait « probablement... d'un... rite propitiatoire, ayant pour but de provoquer après une longue saison sèche la pluie fécondante... De sexe féminin ce masque a l'allure nettement zoomorphe, d'aspect grotesque, ne se manifeste que très rarement de nos jours » [28].

Ces descriptions ne doivent pas faire croire que seuls les masques africains semaient la terreur. Il en était de même des masques achetés sur place, mais leur portée psychologique était toute autre, ils ne sèmaient pas la terreur ; n'étant que dénonciateurs et satiriques, ils répandaient la honte, l'opprobre.

« Z'AFFE CO... IDA ! »

(Folklore)

Transcription de Victor CORIDUN

REFRAIN RENGAINE

Z'affè cô Ida !... Z'affè cô manman Ida
Z'affè cô Ida !... Z'affè cô manman Ida
Manman Ida mété i l'école
Pou i apprenne A.B.C.D.
En arrivant dans l'école a
Maitre l'école a péte lomba Ida
Z'affè cô Ida !... Z'affè cô manman Ida
Z'affè cô Ida !... Z'affè cô manman Ida.

Ça c'est la Martinique de Gabriel Soïme, p. 215

Traduction

Tant pis pour Ida... Tant pis pour la maman d'Ida (bis)
La maman d'Ida l'a mise à l'école
Pour qu'elle apprenne A. B. C. D.
En arrivant à l'école le maître à défloré Ida
Tant pis pour Ida... Tant pis pour la maman d'Ida.

Le carnaval était en fait un exutoire, les Noirs y conjuraient leurs stress. C'est ainsi qu'après 1848, la population supporte mal l'arrivée de travailleurs, sous contrats, les africains. Ils les rejetaient car ils voyaient en eux des usurpateurs, d'autre part ils les méprisaient, puisqu'ils acceptaient de faire les travaux d'esclaves que eux ne voulaient plus être. Ils créent cette chanson qu'ils chantent pendant les jours gras.

Chapitre 6

La Troisième République
1870-1902

DONNÉES HISTORIQUES

La Troisième République accorde aux Noirs la possibilité de voter et de participer à toutes les assemblées. Mais le nouveau paysage social ne change pas. L'égalité des droits n'entraîne pas l'égalité des individus. Toutefois on voit arriver au pouvoir des Noirs et des gouverneurs de couleur.

L'économie sucrière est toujours aux mains des colons et des sociétés françaises. Le grand négoce appartient aux colons. Le préjugé de races s'intensifie. L'anticléricalisme n'affecte pas l'Église, elle reste puissante.

L'opportunité d'une vie culturelle et l'ouverture des lycées sont au nombre des batailles menées entre conseillers généraux blancs et de couleur.

Nous vous proposons de suivre au fil des chants les péripéties politiques.

MUSIQUE ET POLITIQUE

Pendant la guerre contre les Prussiens l'Église implore la clémence de Dieu et fait chanter dans toutes ses paroisses le « Tantum ergo », le « Benedictus Deus meus » et le « Da Pacem ». Mais la France connaît une sévère défaite. Napoléon III est fait prisonnier, la République proclamée. Les Noirs, hantés par l'esclavage, craignant que la faiblesse du gouvernement n'entraîne un durcissement de la politique coloniale, s'inquiètent. Les laguias et damiers appellent à la révolte. Elle est vite réprimée. L'esclavage n'est pas rétabli. Mais les luttes sociales, politiques et raciales restent aiguës. En effet, les colons n'acceptent ni le régime républicain, ni les ouvertures sociales et politiques qu'il offre aux gens de couleur pire, aux Noirs.

Les premières campagnes électorales se déroulent comme en Métropole sans chants politiques conjoncturels. Les politiciens selon leurs options, se contentent de réactualiser les anciens chants républicains ou royalistes, qu'ils font circuler dans leurs cercles ou dans les périodiques. Les colons sont les premiers à ouvrir une campagne de dénigrement à l'endroit des gens de couleur. Le premier attaqué est le docteur Godissard. Le prétexte est son succès aux élections cantonales, mais la vraie raison disent les commentateurs politiques, c'est le sentiment de trahison éprouvé car le docteur, un des leurs, était marié à une femme de couleur :

« Un client à son docteur »
Sur l'air : Prenons d'abord l'air bien méchant.

I

Docteur que vous êtes heureux
A vous fêter chacun s'empresse
Et votre aspect franc et joyeux
Déride même la détresse
Moi, qui suis au nombre ici-bas
De ceux que le bonheur repousse
L'on m'évite en pressant le pas
Docteur prêtez-moi votre trousse

II

Bien des minois aux yeux si doux
Vous font plus d'une confidence
Et le mari le plus jaloux
Vous signe un brevet de licence
Moi qui porte hélas sur le front
Quarante ans et même le pouce
Pour faire oublier cet affront
Docteur prêtez-moi votre trousse

III

Si lorsqu'il combat la douleur
L'art est vaincu par le mystère
Vite l'on cache votre erreur
Sous deux ou trois mètres de terre
Pour un seul mot en moins encor
La magnilité me détrousse
Pour lui disputer un peu d'or

IV

Vous pouvez même impunément
Courtiser la muse gentille
Et chacun prise infiniment
Vos couplets où l'esprit pétille.
Et moi pour quelques pauvres vers
Fruits d'une verve qui s'émousse
L'on me croit l'esprit de travers

V

Vous prononcez en souverain
L'arrêt que le puissant révère
Quand du terrible orgueil humain
Il dévoile la misère
Ah pour venger la pauvreté
Que le char du riche éclaboussé
Moi qui n'ai rien en vérité
Docteur prêtez-moi votre trousse

VI

Chacun le sait quand du malheur
Vous avez guéri la souffrance
Vous ne cherchez qu'en votre cœur
Le salaire et la récompense.
Quittant les lambris somptueux
Pour l'humble toit couvert de mousse
Vous thésaurisez dans les cieux
Docteur prêtez-moi votre trousse

VII

Pour résumer en peu de mots
Que votre sort du mien diffère !
Vous pouvez flageller les sots
Et braver en paix leur colère
Si de nos célèbres Midas
Je montrais l'oreille qui pousse
Ils me feraient sauter le pas
Docteur prêtez-moi votre trousse [1].

Ils livrent bataille tous azimuts. La lutte devient transcontinentale. De Paris, ils suivent à la lettre, mieux à la note, les jeux parlementaires et les votes des nouveaux députés de couleur. Lorsque Port-Papy élu de la Martinique, comme beaucoup de ses collègues, vote avec la majorité conservatrice chrétienne, aussitôt il est mis sur la sellette et ses électeurs ridiculisés. Mais la politique étant l'affaire d'intellectuels, il n'y aura pas de dénonciation nominative, seule une allusion à Garibaldi, bien connu pour ces opinions, ces contradictions, informe le lecteur.

« Le conservateur de la Nièvre publie la jolie chose suivante : « La leçon électorale » : Air connu.

I

Écoute électeur mon ami
Tu me connais à peine
J'ai pour nom Dr Turigny
Dr à la dizaine.
Mais je puis au moins sciemment
La faridondaine
T'apprendre comment
Une élection réussit
Biribi
A la façon de Turigny
Mon ami.

II

D'abord il faut sans hésiter
Et sans reprendre haleine
Dans les bouchons ingurgités
Ou Bourgogne ou surène
Puis la bière après le café
La faridondaine
Dût-on étouffer !
Quand on boit on a de l'esprit
Biribi...

III

Alors on professe en braillant
Sa foi républicaine
Et l'on épate le client
Avec la vieille antienne
Dîme, corvée, etc.
La faridondaine
Croira qui voudra.

IV

Si c'est Thiers qui règne Morbleu !
Sa pensée est la mienne
Si c'est Mac-Mahon pour si peu
Doit-on se mettre en peine
Non, vive son gouvernement
La Faridondaine
Mais là franchement
On en tient pour Garibaldi
Biribi...

V

A la Chambre clopin-clopant
On arrive à grand-peine
On y prend place tout pimpant
Et la mine hautaine
Puis un beau jour des intrigants
La faridondaine
Sans mettre des gants
viennent vous crier hors d'ici
Biribi... [2].

J. Bonsens

La leçon électorale continue, toujours à propos de Port-Papy dont les absences à l'Assemblée sont rapportées. Mais les colons maniant l'ironie donnent à l'accusé le rôle du plaignant :

139

« Confession d'un député colonial » sur l'air des « Révérends pères »

I

Hommes de l'ordre moral
Quel affreux serpent vous pique
Vous trouvez que c'est bien mal
Ce qu'on fait en République ?
Quoi ! le député ne peut s'absenter
Sans perdre à vos yeux le droit de voter !
Braves gens de la Martinique
Vous n'entendez rien au jeu des jetons
C'est nous qui votons
Et qui revotons
Nous votons présents, absents, nous votons.

II

Voyons mes petits tyrans
Mon métier devient trop rude
S'il faut pour 9 000 francs
Que je quitte mon étude
Un collègue peut le droit est certain
Dans l'urne pour moi mettre un bulletin
Quand j'accours plein d'inquiétude
Pour remettre un peu d'ordre dans mes cartons,
C'est nous qui votons...

III

On dit dans votre journal
Qu'au lieu de ma résidence
J'ai du Conseil général
Obtenu la Présidence
Mais ils avaient mis pour condition
Que je donnerais ma démission
Déposée avant la séance
Tant sur notre foi chez nous, nous comptons.

IV

La dernière élection
Me vit branler dans le manche
Absent j'ai pris ma revanche
Je n'ai plus besoin et j'en suis fier
Des certificats de M. Schoelcher
Je me tiens ferme sur la branche
Narguant Pierre Alype et ses mirmidons

V

Entre nous je crois bien voir
D'où vous vient votre air maussade
J'ai voté sans le savoir
Contre la Sainte ambassade
Avoir près du pape un ambassadeur
C'est beaucoup d'argent pour fort peu d'honneur
Tels est l'avis de Lacascade
Orateur naissant fleur de nos cantons.

140

VI

Je n'apprends rien de nouveau
Ma voix n'est pas importune
Mais auprès de Gatineau
J'aurais bravé la Tribune
J'aurais dit « Messieurs il faut être humains »
Il faut aux soldats arracher des mains
ce reliquat de la commune
Qu'une loi de fer destine aux potons

VII

Quoi vous voulez résister
Au torrent qui nous entraîne ?
Contre nous oser lutter
C'est bien perdre votre peine !
Voyez donc le sort de vos champions
Paraissant devant nos commissions.
Vienne de Mun, vienne du Maine
Ni vu ni connu nous l'invalidons...

VIII

Le pouvoir est aux élus
De la grande radicaille
Pour vous il ne reste plus
Qu'un sénat rempart de paille,
Un de ces beaux jours — Vous attendrez un peu
Un brave éclaireur y mettra le feu
Nous resterons maîtres à Versailles
Prenez garde aux loups mes pauvres moutons [3].

Après les dénonciations et les leçons, ils passent aux railleries :

« Un lecteur dans l'embarras »
sur l'air de « J'suis né Paillasse et mon papa »

I

Je viens à vous cher rédacteur
Qoiqu'étant sans tribune
Prenez pitié d'un électeur
Que le doute importune
Pris d'un bon désir
Que dois-je choisir
La Rose ou la Tulipe ?
Faut-il sans retard nommer Godissard
Ou prendre Pierre Alype

II

Venez Monsieur vous serez bien
Dans notre compagnie
Voter pour un citoyen
De notre colonie
Aucun n'est plus cher
A Victor Schoelcher
Notre grand chef d'équipe
Monsieur Sans retard
Prenez Godissard
et Laissez Pierre Alype

III

J'avais bien dit que nous irions
Toujours de mal en pis
Faut-il encore que nous nommions
Un homme de l'Empire ?
Pourquoi pas Chambord
Ou le coffre-fort

IV

Alype a la prétention
D'être élu par nos votes
Qu'il aille à la Réunion
Chez ses compatriotes
Il n'a pas le sou
Et vit dans un trou

141

D'un fils de Louis-Philippe ?
Monsieur sans retard
Prenez Godissard
Et Laissez Pierre Alype

De l'argent qu'il nous chipe
Monsieur Sans retard
Prenez Godissard
Et prenez Pierre Alype

V

Ah ! Jugez-le par ses aveux
C'est un aristocrate
Les vrais démocrates sont gueux
Alype est démocrate
Est-ce dites-nous
Avec les gros sous
Qu'un peuple s'émancipe ?
Monsieur sans retard
Laissez Godissard
Et prenez Pierre Alype

VI

Si Godissard ne parle pas
Correctement il vote.
Voyez donc ses certificats
Comme Schoelcher les note !
De 89
Pour remettre à neuf
Chaque immortel principe
Monsieur sans retard
Prenez Godissard
Et laissez Pierre Alype

VII

Oui quand la gauche livrera
Ses plus grosses batailles
Par le télégraphe il faudra
L'appeler à Versailles
Et ce député du farniente
Au budget participe
Monsieur sans retard
Laissez Godissard
Et prenez Pierre Alype

VIII

Et c'est ainsi que promené
Du rouge à l'écarlate
Notre électeur tout étonné
Va d'Hérode à Pilate
Un conservateur
Crie à l'électeur
Que chaque parti
Laissez sans retard Godissard
Ainsi que Pierre Alype [4].

De son côté l'Église, à sa façon, affiche ses opinions politiques. A l'occasion de la fête de la mère supérieure du pensionnat de Fort-de-France, les jeunes élèves chantent « L'Ange à la Patrie » composé par la religieuse chargée du cours de musique :

L'ange	: Je suis l'ange de la patrie A tes pleurs j'ai mêlé mon deuil Relève-toi France meurtrie Je viens t'arracher au cercueil
La France	: Non laisse-moi je succombe Laisse mon destin s'accomplir ! Ange de Dieu, creuse la tombe où ta main doit m'ensevelir
Chœurs	: France, la terre encore à ton sceptre est promise Non, non pour toi point de trépas Ainsi que sa mère l'Église La France règne et ne meurt pas
L'ange	: France que l'Église a nourrie Du premier lait de son amour Ô France, Loyale Patrie De l'antique chevalerie Oui tu triompheras un jour
Le chœur reprend	: France, la terre encore à ton sceptre est promise Non, non, pour toi point de trépas Ainsi que sa mère l'Église La France règne et ne meurt pas [5].

L'évêque va jusqu'à supprimer le « Domine Salvam fac Republicam » des prières demandées par le gouvernement de Thiers, en jouant sur le sens des mots « res publica » vu par la Curie romaine.

Les élections consécutives à l'arrivée au pouvoir de Grévy, voit la victoire des Noirs, le droit de vote leur étant octroyé. Les chants ne sont plus alors des joutes oratoires entre intellectuels, les chansons politiques créoles voient le jour et descendent dans les rues. La campagne électorale se poursuit même pendant le carnaval. Gare au candidat battu. La lutte entre les partisans de la victoire du socialisme (gens de couleur et Noirs) et ceux du maintien des privilèges acquis (colons et clergé) est si rude qu'éclate à la Martinique un conflit social connu sous le nom de « l'affaire Lota ». Il fut alimenté par des biguines dont les paroles sont sans complaisance. Les protagonistes sont : Marius Hurard, homme de couleur, élu tour à tour conseiller municipal de Saint-Pierre, conseiller général, Président du conseil général, avant de devenir anticlérical, bouillant défenseur de l'école publique, de l'implantation des lycées pour tous. Il a pour rival le docteur Lota, officier de médecine, métropolitain, élu commandant de la compagnie de la Garde de Saint-Pierre en 1870, ardent défenseur de l'Église réactionnaire.

Le docteur Lota et ses partisans n'apprécient pas du tout les interventions de la population, endoctrinée par Hurard, dans les campagnes électorales. Un jour, excédé à la suite d'une discussion avec ce dernier, il le soufflette. Hurard ameute ses amis qui assiègent la maison du docteur et le conspuent. Furieux ou cédant à la peur, il fait feu dans ou à proximité de la foule. Pas de morts, mais « le feu est mis aux poudres ». Sa maison est prise d'assaut, saccagée, pillée. Lota protégé par les Autorités dont le maire, un Noir, est conduit en prison et condamné à un mois d'incarcération. A l'expiration de sa peine, il quitte l'île, non sans être provoqué en duel par M. Hurard. Le maire est à son tour accusé de complicité. La foule le somme de démissionner, et en un « tour de langue », elle improvise : « Célestin[1] Roi diable dèrô ».

---

1. C'est son prénom.

En vérité si j'étais lotariste
Je t'en donne ma parole d'honneur
Si j'étais lotariste *(bis)*
Je me serais déjà fait déporté
Si j'étais déjà fait lotariste
Je me serais déjà fait déporté

Célestin *(ter)*
Roi des diabl' dehors   *(bis)*

En vérité si j'étais lotariste
Je vous en donne ma parole d'honneur
Si j'étais lotariste
Célestin dans le manège
Le bas de sa chemise voltige
Célestin dans le manège
Tous les petits garçons lui donnent le bras

Joseph Marc *(bis)*
Négociant de patat' bouillies *(bis)*

144

Les colons et les hommes de couleur en fait se disputaient les pouvoirs civiques. Le docteur Lota ne fut qu'un bouc émissaire. Après lui ce sont les rédacteurs du journal conservateur La Défense qui sont chansonnés :

« La Défense kavini folle » : « La Défense devient folle. »

I

Depuis deux ans
Vous écrivez toujours la même chose
Et dans un français incorrect
Il paraît que vous avez mis votre dictionnaire en gage *(bis)*
Ouaï, la défense devient folle, folle
Elle n'a plus de médecin pour la guérir
Ouaï la défense devient folle, folle
Docteur Lota n'est plus là pour la guérir.

II

Il y avait un seul médecin
c'était Coco Girouette
On l'a envoyé en Nouvelle Calédonie
Pour qu'il ne se mêle plus de nos affaires
Ouaï la Défense devient folle folle
Il n'y a plus de médecin pour guérir la Défense
Ouaï la défense devient folle folle

2ᵉ chant

Transcription de Victor CORIDUN

1ᵉʳ COUPLET

Hurard dit nous
Si la « Défense » provoqué nous
Pas répon'n yo
Pas viré dèyè gadé yo (bis).

2ᵉ COUPLET

Les anciens ka mandé nous
Ça Hurard za fè ba nous
Hurard mété l'école laïque
Pou montré tit nègre palé francé.

3ᵉ COUPLET

Yo té ni en seul mèdecin
Cété Docteur Garnier
Yo voyé' i Calédonie
Pas ni mèdecin pou soigné yo (bis).

4ᵉ COUPLET

Dépi vingt ans passés
Zotte ka palé en même langage
Ça pas même en bon francé
A si paré dictionnè zot' en gage.

REFRAIN

Ouaille ! Ouaille ! Ouaille ! La Défense ka vini folle
Folle, folle, folle, folle pas ni mèdecin ici pou guéri yo, chè ? (bis)

Ça c'est la Martinique de Gabriel Soïme, p. 117

Refrain

Ouaï ouaï ouaï la Défense devient folle
Folle folle folle folle il n'y a pas de médecin *(bis)*
Pour les guérir cher !

I

Hurard nous a dit
Si la Défense nous provoque
Ne répondons pas
Ne nous retournons pas sur leur passage

II

Les anciens nous demandent
Ce qu'Hurard a fait pour nous
Hurard a créé des écoles laïques
Pour apprendre au petit nègre à parler français

III

Il y avait un seul médecin
C'était Docteur Garnier
Ils l'ont envoyé en (Nouvelle) Calédonie
Il n'y a pas de médecin pour les soigner.

IV

Depuis plus de vingt ans
Vous tenez les mêmes discours
Et dans un français incorrect
Il paraît que votre dictionnaire est mis en gage.

Peu de temps après le procès du docteur, le maire déchu, Célestin, tente de conquérir l'Assemblée. Ses détracteurs composent alors !

« Eti Tintin » : « Hé ! Tintin ».

Transcription de Victor CORIDUN

Ça c'est la MARTINIQUE de Léona Gabriel SOÏME r.

1er COUPLET	2e COUPLET
Cé tit mulâtres Saint-Pierre' a	Malgré tout ça nous dit li
Zotte lé voté pou gros Tintin.	I ven'n l'usine... i ven'n rhumeries
Gros Tintin cé en statue	I ven'n tout ça li té ni
Yo pétri i à la mie du pain.	Pou' i té fè la politique
Quand i ké rivé à la chambre	Mais quand les élections finies
A la Chambre des Députés	Quand les élus té ka fêté
Messieu les Sénateurs	Nous ouè en n'homme tout désolé
Ké prend n'homme là pou en couillon !	Couri séré dans pièce canne la.

REFRAIN

Eti Tintin... Nous pas ouè li
Tintin séré dans pièce canne la
Eti Tintin... Nous pas ka ouè i
Tintin séré dans pièce canne la (bis)

Traduction

I

Mulâtres de Saint-Pierre
Vous voulez voter pour Gros Tintin
Gros Tintin est une statue
On l'a pétri avec de la mie de pain
Quand il arrivera à la Chambre des députés
Messieurs les sénateurs
Le prendront pour un couillon.

II

En dépit de ce que tout ce que nous avons dit
Il a vendu usine, il a vendu rhumeries
Il a vendu tout ce qu'il avait
Pour faire de la politique.
Mais quand les élections finies
Les élus fêtaient
Nous avons vu un homme désolé
Courir se cacher dans les champs de cannes.

Où est Tintin, nous ne l'avons pas vu
Tintin est caché dans le champ de cannes
Où est Tintin ? Nous ne le voyons pas
Tintin est caché dans le champ de cannes. *(bis)*

« Célestin » est battu par le candidat de Marius Huard. S'inspirant de ses origines noires, la foule imagine le retour à son foyer.

Bonjour ma femme
Ba moin ti quiou pipe moin
Traduction : « Donne-moi ma pipe ».

DERNIER REFRAIN

Bulletin Hurard ka voltigé dans l'air !
Bonjour ma femme ba moin ti quiou pipe moin !
Bulletin Hurard ka voltigé dans l'air !
Bonjour ma femme ba moin ti quiou pipe moin !

Traduction

Célestin

Bonjour ma femme
Je viens te le dire
Il faut que je te le dise
Je ne suis plus maire
Donne-moi mon tablier
Bonjour...
Mon coutelas de 24 pouces.

La femme

Célestin, mon fils
Je t'avais déjà dit

II

Bonjour ma femme
Je viens te le dire
Il faut que je te le dise
Donne-moi ma pipe
Bonjour ma femme
Mon grand chapeau baquoi paille
Bonjour ma femme
Donne-moi ma pipe
Je vous le dis en vérité
Je n'aurais pas dû
Poser ma candidature
Pour les reproches que je reçois aujourd'hui

De ne pas poser ta candidature
Tu t'es cru trop fort
Tu ne m'as pas écoutée
Voilà aujourd'hui
Tout le monde te court après.

Tout le monde me dit
Que je suis un caméléon.

Refrain

Les Bulletins d'Hurard
Voltigent
Bonjour ma femme
Donne-moi ma pipe
Hurard m'a battu à plate couture

Un autre politicien devient aussi la cible des chansonniers : César Lainé, ancien secrétaire de Clemenceau. Élu maire à Saint-Pierre, après « l'affaire Lota », il ambitionne le Parlement, et a pour adversaire le docteur Duquesnay, chaleureux défenseur du peuple dont il affectionnait particulièrement les bel ais qu'il ne dédaignait pas de danser d'où son surnom de « Docteur bel ai ».

Pendant des années M. Lainé fut le héros des carnavals de Saint-Pierre au point qu'il dut prendre des arrêtés interdisant « de chanter toutes chansons dans lesquelles des personnes se trouveraient désignées, nommées, ou qui contiendraient des expressions outrageantes pour la morale publique ».

Nos recherches nous ont livré deux chansons l'une de ses partisans, « César, patience », l'autre de ses adversaires, « Diable la ka mandé on ti manmaille ».

CHANSON POLITIQUE   Recueillie par V. Coridun

César, Patience !

— 4 —

Traduction

Refrain

César sois patient
Tu as déjà triomphé
A Fort-de-France
Oui c'est là que cela se passe.

I

Nous n'éprouvons ni peur, ni crainte
Nous sommes de braves citoyens
Qui avons seulement en horreur
Le docteur bel air et les vauriens. *(bis)*

II

Ti Bois mon fils tu es un cafard
Nous avions cru que tu étais un manicou.
Tu as beau faire comme Ponce Pilate
Tu crieras comme le loup garou. *(bis)*

A la Guadeloupe les campagnes sont aussi passionnées, mais nous n'avons pas retrouvé de chants. Les seuls rencontrés sont ceux qui opposent en 1893, les deux candidats au Parlement, M. Gerville Réache homme de couleur et Bernus un blanc conservateur. Sur l'air de « La Marseillaise » les partisans de Gerville Réache chantent :

Arme-toi Réache pour combattre
Nous avons des ennemis à battre.
....
Hildebert est trop imbécile
Pour chercher à nous s'imposer

....
Grand Dieu chassons les bernussistes
Chassons le chien des Blancs.

Tremble Bernus, lâche mulâtre
N'oublie pas que tu es un pâtre
Réachiens ne perdons pas courage
Nous remporterons la victoire [9] ?

La victoire de Gerville Réache provoque le délire :

Vive Gerville Réache
Notre vaillant député
Poursuivant sa noble tâche
D'un talent indisputé

I

L'illustre tribune française
Retentit de sa docte voix
Il fait plus d'ouvrage que 16
Soyons tous fiers de notre choix

II

De nous remettre à la
Il s'est agi tout récemment
Réache à ce danger s'obstine
Au rejet du rattachement

III

Il soutient qu'à la Guadeloupe
Le sabre ne peut convenir
Aussitôt un immense groupe
Se forme pour le soutenir

IV

L'on discute, l'on se trémousse
Terrier, Mathé, Rolland, Lacroix
Et d'autres sont contre. On repousse
Par trois cent cinquante-cinq voix

150

V

Vous savez que la république
A nos frères européens
Donne un congé qu'elle n'applique
Pas à nos guadeloupéens

VI

Réache contre l'injustice
Proteste, veut l'égalité
Dit que le même bénéfice
Nous revient en toute équité

VII

Le fonctionnaire créole
Connaît ses efforts successifs
Tentés contre le monopole
Des congés administratifs

VIII

Que de mal on se rappelle
Fut dit sur le tarif douanier
Aujourd'hui l'erreur se décèle
L'ennemi c'est le morussier

IX

Vous pensez bien qu'il est utile
De faire avec acharnement
La guerre à l'esprit mercantile
Coupable d'accaparement

X

Mais bientôt nous aurons là
De belle morue à cinq sous
Et désormais nous pourrons vivre
A bon marché rassurons-nous

XI

Pour un instituteur créole
Et pour un métropolitain
Le traitement cela désole
Est inégal en plus d'un point

XII

Réache explique l'injustice
Au Sous-Secrétaire d'État
On prépare un point qui puisse
Donner le meilleur résultat

Il y a d'autres couplets, le dernier est le suivant :

A la Guadeloupe à la France
Fait honneur cet illustre enfant
Acclamons, amis, sa vaillance
Avec lui marchons en avant [10].

MUSIQUE ET SOCIÉTÉ

Le gouvernement laisse l'opportunité de l'instruction et de la culture à l'appréciation des collectivités locales. La pratique de la connaissance de la musique savante étant jusque là un critère de supériorité pour les conservateurs, ils tiennent à garder ce privilège. En effet, la société coloniale de l'Ancien Régime, bien qu'ayant ouvert comme les princes vénitiens, son théâtre aux esclaves, avait fait de sa culture et donc de la musique savante, sa « Bastille », et les remarques de Jacques Challey à propos de la musique pendant la monarchie, trouve aux colonies du XIXᵉ siècle toute leur actualité. « Être Amateur » et assister aux concerts étaient « un privilège que l'on octroyait qu'à bon escient. Les premiers concerts n'étaient pas ouverts à quiconque. C'étaient de véritables cérémonies pour initiés, dont le caractère primitif fut d'abord religieux. On adhérait à une société musicale comme on s'inscrivait au Moyen Age dans une confrérie pieuse » [11].

Jusqu'à l'arrivée des conseillers généraux et députés anticléricaux, seuls les Blancs, c'est-à-dire les anciens Amateurs, continuent de compléter les troupes privilégiées et possèdent des orchestres symphoniques. Il n'y a de place pour les nouveaux bourgeois de couleur que dans les fanfares municipales. Aux musiciens noirs il reste les bals, les casinos et les carnavals. Toutefois un souci est commun à tous : la contemporanéité des deux musiques, celle de France et celle des colonies.

A partir de la victoire des socialistes, les hommes de couleur cultivés osent combattre cette ségrégation, ils se joignent aux orchestres nouveaux et fondent leur orchestre symphonique. Quant aux autres s'ils ne peuvent être membres d'un orchestre, ils jettent leur dévolu sur le piano. Le piano devient « le symbole de leur aisance… son étude… un impératif social, un signe de bonne éducation » [12] au point qu'il incommode les citadins : « Voilà Saint-Pierre redevenu lui-même, les familles sont rentrées de la campagne, les rues ne sont plus désertes ni silencieuses. Les pianos recommencent leur tintamarre. Vous qui écrivez il faut recommencer à vous mettre du coton dans les oreilles, si vous voulez trouver deux idées de suite… Mais paff ! Une épine à la rose ! Do, ré, mi, fa, sol, la, si, do, cric crac, cric croc, cric cric, l'air se ressature de musique, mes oreilles à la diable, ma plume ne veut plus marcher. Et je regrette ce doux temps de vacances où l'on pouvait entendre le vol d'une mouche dans l'air… Où me cacher ? Fuyons [13]. »

Les nuits on est « réveillé en sursaut aux accords d'instruments et de voix. Tantôt ce sont des violons qui attaquent avec un étourdissant brio quelques morceaux en vogue, ou bien un cornet qui se démène fiévreusement au milieu de variations endiablées. Vous maudissez le concert ou la sérénade tout en convenant parfois que les exécutants ne manquent pas de talent » [13].

Les Noirs de par leur ignorance se sentent exclus. La prise de conscience de la valeur de la musique savante et en même temps les difficultés à l'acquérir, deviennent autant d'éléments supplémentaires de divisions. Ils perturbent les concerts publics et les spectacles lyriques.

LE THÉÂTRE

Les premières élections et les difficultés sociales ont été pendant les trois premières années les préoccupations de tous. Les directeurs de théâtre attendaient sinon des jours meilleurs, surtout des crédits. La population de couleur désirant conserver comme par le passé une activité culturelle incite les particuliers, les commerçants et les élus socialistes à redonner vie au théâtre.

En février 1873 arrive en Martinique une troupe de 6 artistes venus de l'étranger (Colon Aspinwall). Elle prend contact avec Monsieur Zay, toujours directeur privilégié mais sans troupe, qui après autorisation du Maire accepte d'organiser quelques représentations. Elle prend le nom de Compagnie Lyrique. Elle offre, des opérettes et vaudevilles et quelques extraits d'opéras ou d'opéras comiques. Les représentations débutent le 19 février avec « Les Noces de Jeannette » de Massé opéra comique, « Les Contributions Indirectes », « L'homme n'est jamais parfait », vaudevilles.

Les amateurs de théâtre, connaisseurs, quoique avides de distractions, conseillent alors à la troupe de se cantonner aux opérettes et vaudevilles et de choisir des œuvres plus chastes « non avancées ».

Le 8 mars les représentations sont interrompues à la suite d'un ouragan qui a emporté le toit du théâtre à Saint-Pierre. Monsieur Zay recrute une nouvelle troupe se composant de 17 artistes qui achèvent la saison. Selon la coutume, avant la saison de novembre elle se rend en Guadeloupe.

Son répertoire est éclectique, il se compose d'opéras, comme « La Norma », d'opéras comiques comme « La Fille du Régiment » ; d'opérettes « Le mariage aux Lanternes », de vaudevilles « Jobin et Nanette » d'opéras bouffe « La Rosette de Saint-Flour » sans oublier les drames et intermèdes musicaux[2].

Elle joue de novembre 1873 à juillet 1874, 2 fois par semaine, les mercredis et samedis, sauf pendant la semaine sainte. Puis Monsieur Zay présente ses comptes et sa démission.

En effet, les difficultés que rencontre le Directeur privilégié restent inchangées : subventions des conseils généraux, des municipalités, insuffisantes, d'où réduction des troupes, inégalités des talents, séjour très bref des meilleurs artistes, reprises trop fréquentes des mêmes œuvres, qui elles, ne peuvent être jouées en totalité, ce qui provoque le mécontentement du public, leur démobilisation. A cela il faut ajouter les dégâts occasionnés par des ouragans.

La saison théâtrale suivante ne débute qu'en février 1875 avec une troupe nouvelle qui n'a de troupe que le nom, celle de Madame Defawe. Nous retrouvons, cette fois, Monsieur Zay à la direction d'orchestre. Les œuvres seront tirées du répertoire des vaudevilles et comédies entremêlées de quelques grands airs d'opéras, car la troupe de Madame Defawe n'a que quatre artistes.

Devant le succès qu'elle rencontre Madame Defawe accepte d'assurer la prochaine saison avec des artistes plus nombreux et toujours de qualité. Elle part en Europe et est de retour en septembre à la tête de 17 artistes recrutés pour la plupart à l'Ambigu ; deux viennent de Florence. Enfin pour la première fois la troupe possède deux danseurs. Monsieur Zay sera à nouveau le chef d'orchestre. Toutes les formes lyriques sont au programme, les œuvres sont jouées dans leur intégralité. Les représentations des mercredis sont réservées uniquement aux opéras : « Rigoletto », « Lucie de Lammermoor », « La Traviata ». C'est cette dernière œuvre qui commence la saison. Le samedi est consacré aux œuvres légères.

Malgré les efforts et le talent des artistes, car les critiques sont élogieuses, le théâtre n'attire pas grand monde. Le spectacle est amputé de

---

2. Journal Officiel de la Martinique (1873).

sa féerie : les décors sont succincts, les costumes fanés, la machinerie inexistante et l'orchestre trop réduit.

Alors les inconditionnels pour retenir la troupe et remplir la salle proposent de faire des tarifs préférentiels aux officiers et conseillers municipaux.

Les contrats ne pouvant être renouvelés, les artistes quittent l'île au fur et à mesure. Au fil des départs, ce ne sont plus que des extraits d'œuvres qui seront chantés. Les critiques restent élogieuses car les voix sont de qualité.

La saison s'achève le 5 février 1876. Pendant 15 ans, Saint-Pierre sera privé de théâtre. Les spectacles ne reprennent qu'en septembre 1890 avec un nouveau directeur privilégié, Monsieur Roumegoux.

Le journal *Les Colonies*[3] annonce l'ouverture de la saison théâtrale pour le 28, et publie la composition de la troupe. Pas moins de 27 artistes dont Monsieur Dekerchel ténor du théâtre royal de la Monnaie de Bruxelles ; Monsieur Gervais, baryton du Capitale de Toulouse, Brunet, Gasse et même Eliezi, soprano du même Capitole. Il dévoile le répertoire : « Migono, le Grand Mongol, la Juive, le Trouvère, les Huguenots, Lucie de Lammermoor, la Dame Blanche, la Favorite, Faust, le Barbier de Séville, l'Africaine, Rigoletto, Martha, Guillaume Tell, Si J'étais Roi, Robert le diable, Jérusalem, les Dragons de Villars, La Norma, le Chalet », etc. Il n'oublie pas les nouveautés « Carmen », « Mireille », « La Porteuse de Pain », etc.

Le succès en France de la « Porteuse de Pain » oriente le choix de Monsieur Roumegoux. La saison débute par cette œuvre, le chœur du 3e acte « La Ronde des Boulangers » fut chanté et dansé par 50 exécutants. En effet, il nous faut ajouter que sacrifiant à la tradition, les Amateurs de Saint-Pierre, complètent la troupe. Par exemple le solo de hautbois de la Juive est joué par M. Nitrane. Pour les chœurs, Monsieur Roumegoux avait fait appel aux intéressés qualifiés. Même les enfants avaient été recrutés. Certains chantaient, d'autres dansaient.

Malgré tous ces efforts, les critiques sont défavorables. « Nous avons toujours pensé qu'en contractant des engagements avec un directeur de théâtre nos mandataires, conseillers généraux ou municipaux feraient mille fois mieux de demander pour la colonie une troupe théâtrale qui ne jouerait que des opéras comiques, des opérettes, à la place d'une troupe jouant un peu de tous les genres... On est obligé de se contenter d'à peu près, à moins d'être injuste...[4]. »

Les éléments de la nature mirent bon ordre à ces mécontentements, les déceptions artistiques firent place aux regrets : le 19 août 1891, un cyclone faisant 400 morts n'épargne pas le théâtre. Pendant 9 ans, il n'y aura ni opéras, ni opéras comiques, seul le théâtre parlé (drames et comédies) tiendra l'affiche dans une salle mise à la disposition d'amateurs qui créent le « théâtre bourgeois ».

---

3. Périodique de Saint-Pierre du 10 septembre 1890.
4. *Les Colonies* du 28 septembre 1890.

Enfin le Père Noël de l'année 1900 offre aux amoureux du théâtre lyrique une nouvelle troupe. Elle ne jouera que le temps d'une saison. En effet, le théâtre de Saint-Pierre, reconstruit plus beau encore que le précédent ouvre ses portes en décembre 1900. Le directeur privilégié, M. Erhard, connu du public, a recruté 34 artistes, dont l'un des plus grands ténors parisiens, M. Renault Reynal. Le programme est de qualité « La Traviata », « Faust », « Le trouvère », « La Belle Hélène », « Mamz'elle Nitouche », etc., et les dépenses à la mesure du luxe du théâtre et du talent des artistes, alors les difficultés financières apparaissent. Le directeur ne peut faire face à tous ses engagements, la saison est interrompue au mois de mai 1901. En 1902 l'éruption de la Montagne Pelée fait fermer à jamais les portes de ce qui avait été pendant quelques mois le plus beau théâtre des colonies.

Guadeloupe. — Les troupes privilégiées ont assuré les mêmes programmes mais à des périodes différentes et les critiques furent sensiblement les mêmes. Les perturbations, elles, vinrent non pas des ouragans mais des incendies. En effet, Pointe-à-Pitre brûle en 1885 et, avec elle, son théâtre. Les spectacles sont alors suspendus. Les Conseillers généraux du canton refusant d'immobiliser des crédits pour la reconstruction du théâtre, la troupe de Monsieur Roumegoux n'assure pas la saison de 1890. Cependant l'île est visitée en 1889 par une troupe constituée d'artistes de Caracas et de Saint-Pierre. Ils chantent en concert des grands airs d'opéra, d'opéras comiques, des romances et des vaudevilles sur une scène aménagée dans la caserne de la ville. « Quoique la scène soit tout à fait contraire à l'audition de la musique, elle manque d'acoustique, la troupe de M. Jason a fait beaucoup avec peu » écrit un auditeur[5]. Elle séjourne 2 semaines.

En 1891 Monsieur Roumegoux tente d'assurer la saison, les spectacles ont lieu à l'ancienne salle Bobineau de la rue Barbès. Déçue par la salle, la troupe ne chante qu'une fois des extraits du « Trouvère » avec un piano accompagnateur. Ce fut le seul spectacle de la saison et le dernier de la période qui nous intéresse.

LES CONCERTS PUBLICS

Le gouvernement prolonge son action musicale en encourageant la formation de fanfares municipales, et les concerts publics. Il donne l'exemple en faisant jouer sur les places publiques les orchestres des bateaux de guerre de passage. A l'occasion de la fête de Sainte-Cécile en 1872 à Fort-de-France, la musique municipale et l'orchestre de la frégate « Minerve », se réunissent et interprètent pendant la messe le « Mater Dolorosa » de E. Marie, et l'ouverture de « Guillaume Tell ». Le soir, sur la Savane ils jouent :

---

5. *La Vérité* de juin 1889.

— L'ouverture de « La Grande Duchesse de Gerolstein » d'Offen-bach.

— « La corbeille d'or » de Desblin, mazurka.

— « Mon Étoile » fantaisie de trombone.

— « Les Roses » grande valse de Metra.

— « La belle Hélène » fantaisie d'Offenbach.

— « Orphée aux enfers » quadrille d'Offenbach.

— Une retraite aux flambeaux, suivie de la polka de Durante.

— « Mes amis bonsoir », clôtura la soirée[6].

Les grandes communes des îles ont chacune leur fanfare. Elle se fait entendre une ou deux fois par semaine sur la ou les places publiques. Les œuvres interprétées vont des airs patriotiques, hymnes officiels, aux valses et fantaisies. La musique municipale de Saint-Pierre exécute le 22 janvier sur la place Bertin :

— « Reims » pas redoublé.

— « Maintenon » ouverture.

— « Après la guerre » polka.

— « Nuage de dentelles » valse.

— « Écho de l'Éden » quadrille.

— « La marseillaise » pour terminer [13].

A la Guadeloupe, trois communes ont leur fanfare : Basse-Terre le chef-lieu, Pointe-à-Pitre la ville commerciale et le Moule. Les concerts les plus nombreux et les plus réguliers ont lieu à Pointe-à-Pitre. Deux fois par semaine les habitants sont conviés alternativement sur la place de la Victoire, sur celle du Marché et sur la place Gourbeyre à écouter la musique municipale ou l'orchestre philharmonique. La première sous la direction de M. Carly ne joue que de la musique légère, la deuxième dirigée par M. Borr Aurel inclut dans ses programmes des extraits d'opéras. Ces concerts sont payants et on peut s'y abonner.

Nous vous proposons le programme du 6 juillet 1890.

— « Cyrus » de Mullot, pas redoublé.

— « Le sommeil de Diane » fantaisie de Bleger.

— « Les Belles Géorgiennes » valse de Beaucourt.

— « Le petit colibri » polka de Bleger.

— « Robert le Diable » fantaisie sur l'œuvre de Meyerbeer.

— « Steeple » galop de Tillard [14].

Les périodiques informent régulièrement leurs lecteurs des lieux, heures et programmes des concerts.

Parallèlement, il y a les concerts privés donnés par les artistes de pas-sage, ou par les artistes locaux. Mais ils sont très irréguliers car les rivalités de personnes doublées des préjugés de race perturbent les saisons musi-cales.

---

6. *Le Propagateur* du 20 novembre 1872.

Saint-Pierre reste la capitale de la vie culturelle. Elle a le plus beau théâtre, deux belles églises où les fêtes religieuses sont rehaussées de la musique religieuse des grands compositeurs ou même de celles des artistes sur place. Elle continue à attirer les artistes et professeurs étrangers. Ce sont eux en fait qui fondent les orchestres symphoniques, animent les nombreuses saisons, chantent pendant les messes solennelles. En effet pendant la messe de minuit le « Noël » d'Adam fut interprété par madame Rimbeau. Le couple est musicien, il avait été engagé pour une saison théâtrale, madame en tant que cantatrice, monsieur Rimbeau lui était le second chef d'orchestre. Leur contrat achevé, ils restent à Saint-Pierre et s'installent comme professeurs de musique. Déjà le Jeudi saint de l'année précédente, M. Rimbeau avait fait chanter par les amateurs et dirigé le « Stabat Mater » de Rossini. En 1874 il ouvre une école de musique, et donne un premier concert le 12 décembre de la même année. Madame Rimbeau interprète au piano la réduction du concerto en la mineur de Hummel. M. Rimbeau chante en s'accompagnant au piano « Plus Blanche que la Blanche Hermine ». Les amateurs exécutent des œuvres à la flûte, au violon, au piano, etc.

Ces mêmes artistes se produisent quelques semaines plus tard à Fort-de-France dans un répertoire tout aussi étoffé :

— Andante de la symphonie en la de Beethoven.
— Air de Joseph extrait de l'opéra « Joseph » de Méhul.
— Romance et Boléro pour violon de Danela.
— Le grand air de « Hernani » de Verdi.
— Le final de la sonate pour piano de Beethoven : L'Aurore.
— L'Ave Maria de Schubert.
— Le solo de concert pour hautbois de Werroust.
— Duo de « Mireille » de Gounod.
— Le 6ᵉ air varié pour violon de Beriot.
— La valse de l'opéra comique « Mireille » de Gounod (chantée).
— La prière de Moïse de Talberg [15].

Encouragé par leurs succès, M. Rimbeau pense alors à fonder un orchestre. Il a les titres nécessaires à la demande d'une subvention : premier prix de piano et d'orgue du conservatoire de Paris, ex-maître de chapelle dans deux paroisses toutes aussi proches, ex-chef de chœur d'une société fondée et subventionnée par la municipalité de Paris. Il la dépose à la municipalité de Saint-Pierre qui l'accorde. Il crée alors son orchestre « l'Orphéon de Sainte-Cécile ». Il donne son premier concert le jour de l'Assomption à l'église : une messe de sa composition. Elle est reprise pour la fête de la Toussaint. L'année suivante lors de la fête de Saint-Pierre, il fait encore jouer une de ses messes avec soli et chœurs. Il se produit aussi à Fort-de-France. Le 30 août 1878 il dirige :

— L'Ouverture du « Barbier de Séville ».

— « France, France » chœur patriotique de A. Thomas.

— Variations brillantes de Boehm pour flûte.

— « Le bananier » pièce pour piano de Godschalk.

— « Ma femme et ma pendule » chansonnette de Perrin.

— Ouverture de « Si j'étais Roi ».

— « A boire » chœur extrait du « Comte Ory » de Rossini.

— Grad solo concertant pour 2 flûtes de Toulou.

— « La blanchisseuse » chansonnette comique de Pourny.

— 4e acte des « Huguenots » de Meyerbeer [16].

Quand on sait le travail que demandent de tels programmes de la part de personnes pour lesquelles la musique n'est qu'un violon d'Ingres, on ne peut douter ni de la passion de ces amateurs, ni de l'activité culturelle de l'époque.

L'Orphéon prête son concours à toutes les manifestations artistiques et M. Rimbeau n'hésite pas à faire jouer les œuvres de ses partenaires.

Le succès de M. Rimbeau stimule deux autres professeurs, messieurs Touroul et Tourneau. Ils fondent chacun un orchestre. Mais très vite l'émulation fait place aux rivalités artistiques doublées de rivalités politiques avec leur cortège de médisances. L'Orphéon perd beaucoup de ses membres et doit cesser ses activités. Il se présente une dernière fois au public avec le concours de l'orchestre de M. Tourneau.

Jusqu'en 1890 les journaux n'annoncent plus de concerts d'amateurs. Ils ne parlent plus que des fêtes de charité et des distributions de prix des écoles religieuses et privées. C'est à celle qui formera les meilleurs élèves. La simple reproduction du programme en dira plus... qu'un pâle compte rendu.

— Entrée : une cantate.

— Ouverture du « Pré aux clercs » par mesdemoiselles Marthe et Berthe de Pellerin la Touche, Adèle Mégaldy, Délice Veluce, Julie Pinard, Élisa de Lagrange Chancel.

— Mazeppa, galop par Laurence Mathieu.

— Chant espagnol : « La Molinara » duo.

— Ouverture de « Guillaume Tell » de Rossini (sextuor).

— « Les Jeunes Filles et l'écho » chant accompagné par les élèves.

— « Espoir » chant.

La distribution des prix s'est terminée sur une marche « Le Départ » (hymne à la France) [15].

Celles des écoles privées attestent du même niveau musical : En 1880 les élèves de l'école de M. Montout chantent : des extraits de « Joseph » de Mehul, dont l'air de Joseph interprété par M. Montout ; « Honneur aux souvenirs des humains » chœur : « La prière des Israélites » : « Le cantique des Israélites » ; et pour terminer « Dieu de bonté et de clémence » chœur. La soirée se termina par le chœur « A l'ouverture des vacances » [16].

Le Séminaire collège possède « un orchestre complet, bien fourni d'instruments, bien composé et bien dirigé. Il possède un chœur de jeunes musiciens (sopranos, légers ténors, altos, basses) de deux cent cinquante à trois cents élèves, qui exécutent des messes de Mozart, même l'Ave Verum » [17]. Les prêtres du collège ont pris la relève des Jésuites. L'un des élèves, le jeune Basiège, sera premier prix de violon du conservatoire de Paris. Avant qu'il ne parte pour la Métropole, les Amateurs, et les Dames de la paroisse de Saint-Pierre avaient chanté le Jeudi saint un « Stabat Mater » de sa composition, nous sommes en 1880, trois ans plus tard il reçoit son prix, et retourne dans son île natale, où il vivra de sa profession.

En 1890, M. Tourneau fonde un nouvel orchestre municipal : « La société philharmonique. » Basiège est nommé second chef d'orchestre. Elle regroupe parmi ses membres les déçus et les mécontents des deux premiers orchestres. Ces nouveaux adhérents sont pleins d'enthousiasme, ils écrivent dans les « Antilles » : « La société philharmonique est un préambule à un conservatoire municipal, afin de développer le goût de cet art exquis et enfin d'avoir pour notre théâtre un orchestre toujours bien composé de 43 instruments : 8 premiers violons, 5 seconds violons, 5 violoncelles, 18 mandolinistes et guitaristes, 2 pianistes... ». L'article se termine en ces termes : « Espérons que la société Philharmonique amènera à oublier les uns, des haines et des préjugés de caste, les autres des divisions et querelles politiques. » [18] Oh utopie ! ! !

Sept ans après, les hommes de couleur fondent leur orchestre : « La Société Sainte-Cécile », mais ses activités sont de courte durée, elle ne donne qu'un concert en janvier 1898.

Deux ans après, en 1899, Fort-de-France a son orchestre : « La Martiniquaise ». Nous ne savons rien de ses concerts. En a-t-elle seulement donné un !

A la Guadeloupe les préoccupations ne sont pas à la musique. Il n'y a pas de théâtre, les quelques concerts qui s'y donnent ne sont que des récitals. Ils ont lieu dans les salons des cercles, de la Loge ou de l'Évêché. Les efforts de M. Michel, inspecteur primaire par intérim en 1878 à Basse-Terre, ont été vains. Des années passent sans qu'on relève un seul concert. Quelques habitants déplorant la décision du Conseil général de ne pas compter au nombre de ses priorités la reconstruction du théâtre, parlent de désert musical. Ils accueillent avec un enthousiasme débordant les rares artistes étrangers de passage : « Si les artistes français nous abandonnent et dédaignent la Guadeloupe depuis quelques années, du moins ils nous restent, et nous leur devons nos seules distractions artistiques. Hier c'était les Brambilla qui nous conviaient à plusieurs concerts, aujourd'hui c'est M. Orlandini baryton de grande valeur. Après avoir chanté au Mexique, à la Havane, à San-Francisco, à New York, à Lima, à Valparaiso, etc., M. Orlandini de passage à la Guadeloupe donnera un concert [19]. » Ce même artiste est invité par le clergé à chanter aux cérémonies de la Semaine sainte à Basse-Terre « il fit grand effet ». Pendant des années ce sont ces artistes qui prêtent leur concours aux fêtes de charité, municipales ou officielles. Les rares tentatives des locaux sont encouragées : « Nous applaudissons de toutes... nos mains... à la passion qui s'est emparée depuis quelque temps de la jeunesse de la ville pour le violon. Le vide si grand qu'a laissé la disparition du théâtre sera comblé... C'est l'avenir du théâtre qu'il assure... [20]. »

En 1893 M. Siméon artiste compositeur installé dans l'île, réunit quelques artistes et tente de donner quelques concerts au cours desquels il joue quelques-unes de ses œuvres. Ses activités sont de courte durée, il suscite tout de suite des jaloux. Les amateurs jusque-là muets, donnent à leur tour un concert sous la baguette de M. Aurel. Le libellé de la publicité ne fait état, ni du programme ni de l'appréciation des auditeurs.

LES BALS

Avec l'arrivée au pouvoir des gouverneurs de couleur, la hiérarchie sociale habituelle se trouve bousculée, et les bals officiels sont désertés. Les colons refusent de côtoyer les familles de couleur, ils boudent les invitations, ou s'ils y vont, se tiennent à l'écart. Les bals privés se font rares, l'économie sucrière est en difficulté. « De temps en temps dans quelques familles on se réunit à la nuit tombante ; après le repas on fait de la musique et on danse. Mais ces maigres fêtes sont encore trop coûteuses pour le plus grand nombre de bourses [21]. » Alors on danse dans les salons des cercles. Les danses à la mode sont : le cotillon, le pas des patineurs, les valses mazurkas et polkas ainsi que les dernières danses américaines, le cake walk, le one step, two steps, la scottish, etc.

Mais les casinos font salle comble. Quant au peuple, il danse partout dans ses quartiers, dans les salles qu'il loue, sur les savanes. L'Église aussi est partout, les prêtres jettent l'anathème sur la biguine. Les grandes familles bourgeoises la rejette d'autant que son origine serve les embarrasse quelque peu.

Il n'y a plus de rivalités entre danses françaises et créoles, mais entre danses créoles : la biguine et la mazurka ou mazouk. C'est la biguine qui triomphe, ceci grâce au renom de Saint-Pierre. En effet, malgré les difficultés économiques, celle-ci reste la ville des plaisirs. Son théâtre, son jardin botanique, ses casinos, son carnaval attirent les visiteurs. « On biguinait partout, dans les salons bourgeois, sur les savanes aux sons des accordéons triangle, chacha et tambour [24]. »

Un visiteur ébloui fit la remarque suivante : « Le ménétrier se mit à jouer un air de biguine, tout aussitôt, petits congolais, balourds,... facétieux guinéens d'un noir velouté, prirent le rythme et les attitudes de la biguine, cette danse qui stylisée devrait acquérir tant de grâce dans les salons créoles [22]. »

La mazouk ne conquiert que les salons de Fort-de-France. La Guadeloupe elle, boude les deux, elle préfère le méringué.

Le méringué avait été amené par les esclaves de Saint-Domingue. Cette danse vient de la chica et donc du calenda. Les colons de l'île l'avaient créolisé. Après l'Indépendance elle prit le nom de carabinier, puis de méringué.

> « Les danseurs se déplacent malicieusement, font mouvoir leurs reins, subitement s'arrêtent dans la position verticale, miment la raideur d'un cadavre, puis s'élancent, font des virevoltes, se fixent pour observer le « cassé tambour » qui correspond au break de la biguine, au toumblack des rythmes guadeloupéens, en faisant des mouvements brusques avec les pieds et les reins et recommencent à danser avec le même entrain "Dans aucune de nos danses folkloriques, l'imagination n'est aussi éveillée. D'ailleurs c'est ce qui rend difficile la description de la danse banda" [23]. »

La mazouk, nom créole de la mazurka, est vive, alerte. Elle plaît parce que les couples peuvent simuler toutes les ruses de l'amour, à l'exception de l'acte sexuel. C'est la danse de compensation.

La biguine. Plus besoin de vous la présenter. A ses seuls rythmes : le paysage change. On éprouve le besoin de bouger, de danser. « Ceux-là seuls qui connaissent les sous-entendus de la langue créole, peuvent comprendre le sens multiple de ce mot : ce qu'il renferme de mouvements désordonnés, de gestes, de poses canailles, d'écarts convulsifs... [22]. »

Les biguines des savanes se dansaient sur deux rangs, « ceux qui ne dansaient pas formaient un cercle et rythmaient la danse, tandis que les couples avançaient, reculaient, se séparaient allaient de droite à gauche, les poings aux hanches ou les bras battant l'air. Puis ils revenaient au point de départ pour se rapprocher peu à peu et s'empoigner éperdument. Ils se contorsionnaient, se déhanchaient en mouvements tour à tour trop longs ou follement rapides, se lançaient en d'infinis tourbillons et certains s'embrassaient à la dérobée. Peu à peu les poses devenaient plus lascives, presque impudiques. Les yeux étincelaient (de toutes les frénésies du désir peut-être !) et l'on ne pouvait se défendre de remonter dans le temps... Grisées, épuisées, vaincues, les danseuses venaient s'affaler dans les bras de leurs cavaliers qui les déposaient avec mille précautions sur l'herbe humide d'où elles se relevaient aussitôt, par égard à leurs robes de soie... ou leurs jupons de broderie si méticuleusement empesés ou apprêtés » [24].

Les biguines des bals privés et des casinos se dansaient en couples. Dès les fêtes de Noël, elles envahissaient les rues et les maisons de Saint-Pierre et de ses environs. Il n'y avait pas de crèches sans biguines. Pendant le Carnaval elles régnaient.

LE CARNAVAL

« C'est à Saint-Pierre que le carnaval avait le droit de s'intituler Majesté. » Son président, « Bois Bois » ou encore « Vaval », dominait les foules, digne. Il était vêtu d'habits somptueux et coiffé d'une couronne.

C'était le seul à ne pas danser. Il était là, avec l'air ailleurs qui convenait à la circonstance.

Son effigie était la représentation la plus parfaite de ce qu'était le carnaval : l'osmose totale de deux civilisations. Pendant trois jours l'Afrique et l'Europe faisaient bon ménage. Toutes les classes sociales étaient dans les rues, chacune avec les déguisements de son choix. Car sous le couvert du masque, que ne faisait-on pas ? Le vieux dieu de la sexualité et le diable se mesuraient : « la ville entière est descendue dans la rue, la ville entière a pris le masque, elle chante, elle danse, elle agite ses grelots… Ah ! ce n'est pas le carnaval des riches ! C'est le vrai peuple chez lui souverain dans la rue en fête extravagante… Souvent sur les trottoirs quelques jeunes filles retenues par de scrupules religieux et craignant le confessionnal, se contentent de regarder passer la fête. Mais il arrive que ces spectatrices, excitées par leur nature ardente, séduites par la musique… finalement se lancent dans la rue et se perdent dans le tourbillon général… Des groupes de jeunes filles redisent sans cesse "Maman, moin lé mô, Moin lé mô, Moin pa ni l'agent pou térré moin", "Maman je veux mourir, maman je veux mourir, je n'ai pas d'argent pour m'enterrer" et le groupe suivant : "Moin ké cassé côde ô souè a", "Je vais sauter le pas ce soir" » [25].

En effet, le sexe est l'obsession, il est le thème de tous les chants à l'exception des politiques. Si le carnaval est l'exutoire, il est aussi un spectacle éblouissant où rivalisent sur un fond de biguines, de mazurkas et de chansons françaises, les déguisements les plus chatoyants et les masques les plus divers.

Plus question de préjugés de races ou de luttes de classes, un grand consensus préside à l'ordonnance des mascarades : les habitants regroupés par affinités ou en sociétés défilent dans les rues. Chaque groupe a son chant, beaucoup se contentent de reprendre celui du carnaval précédent en y transposant les sujets d'actualités. Toutefois, tradition oblige, les mêmes timbres doivent servir les événements d'une même origine.

Et c'est ici que resurgit la compétition. Le carnaval est en quelque sorte le Goncourt de la musique créole. Chaque société populaire se dispute le titre de lauréate de la meilleure chanson du carnaval. Mais le verdict viendra de la foule. Elle reprendra dès le lendemain le chant dont les rythmes ont été les plus entraînants et les paroles les plus excitantes. Il aura ses droits de noblesse jusqu'au carnaval suivant. Et qui sait, si au prochain, aucun chant ne plaît, son succès sera reconduit.

Le cortège débutait par l'apparition de Vaval chantant :

« Mes enfants je suis venu vous voir », le chœur enchaînait :

Le soliste continuait

« moin vini pou amusé zot »
« Je suis venu pour vous amuser »

La foule criait le refrain : « vaval, vaval, vaval ».
Pendant des heures il improvisait sur le même thème et les spectateurs enthousiastes le suivaient jusqu'à ce qu'un air plus entraînant vienne les distraire tel :

« Papillon vole
Nous volons avec toi. »

La foule ne chantait que les refrains car il s'y trouvait l'essentiel des nouveautés musicales et événementielles.

Dans un tel contexte les groupes déjà célèbres tenaient à conserver leur renommée.

« Tam ! tam ! tam ! le spectacle est intéressant... Simultanément du Nord et du Sud, du Mouillage et du Fort, deux immenses bandes à travers la grand rue. Ce sont deux sociétés dansantes, les Sans Soucis et les Intrépides. Elles sont rivales ce sont elles qui composent et chantent les chansons du carnaval : Cruelles satires le plus souvent, dont la signification locale est inintelligible aux personnes qui ne sont pas au courant des incidents qui inspirent leur improvisation, les paroles en sont souvent grossières et obscènes. On s'en empare ensuite pour les répéter dans tous les bourgs de tête... Les chants passent à travers les générations grâce à la beauté de leur mélodie et la victime du chant du carnaval ne peut, jamais espérer que ses fautes ou ses torts seront oubliés, on les chantera fort long-temps après sa mort [26]. »

Regarde son visage de bonbon rassis

Traduction

Refrain

Regarde son visage de bonbon rassis
Regarde son visage d'accras rassis
Regarde son visage de gâteau rassis
Regarde son visage de Grand-mère
C'est vraiment une grand-mère

I

Grand'maman a un matelas
Un matelas fait de paille de banane
En ce moment grand'maman est couchée dessus
Tous les bâtiments viennent à quai.

II

Grand'maman nous a dit
Qu'elle n'a jamais connu la misère
Les anciens nous ont raconté
Qu'elle buvait du rhum dans baille réservée aux cochons

III

Grand'maman nous dit
Qu'elle est née à Saint-Pierre
Messieurs et mesdames écoutez
Elle est des « Deux Choux »

164

Dernier refrain

Ah Ah Ah Ah
Voilà grand'maman devenue poteau
Poteau de téléphone
Ah ah ah ah
Voilà grand'maman devenue colin, tête colin maillard

Régina coco
Crème à la vanille
Plus douce que le sirop   *bis*
C'est ce que
Demande l'amour
Une belle enfant
Comme Régina
Une belle petite fille *(bis)*

Dort dans la chambre d'un garçon
La maman de Régina
L'a envoyée à l'école
Le papa de Régina
L'a envoyée à l'école
La maman de Régina
L'a envoyée à l'école
Régina s'est trouvée dans une chambre de garçon

Si la foule ne reconnaissait pas toujours les héroïnes, même nommées, elle montrait du doigt sans se tromper les politiciens ou personnages malchanceux portés sur la sellette :

Traduction

Le diable demande un enfant *(bis)*
Roï, roï, roï
Il monte
Vive César Lainé si joliment.
Ne m'appelez pas tcha-tcha si joliment *(bis)*
Tcha-tcha c'est le nom d'un poisson si joliment
Le diable demande un enfant
Oui maman je me suis levé de mauvaise humeur [6].

Les personnes qui avaient le malheur d'être chansonnées sur des refrains qui plaisaient à tous, devenaient célèbres malgré eux, car pendant des années ces chants étaient repris avec les mêmes paroles jusqu'à ce qu'un autre personnage les détrône dans des circonstances analogues, et le temps peut être long. C'est ainsi que pendant des décades « Bo fè a » fut de tous les carnavals jusqu'à la dernière guerre mondiale.

---

7. « Dans la cité que baignait la Roxelane, un certain Lilitte exerçait, et fort bien, les fonctions d'adjudant de police. C'était un maître du genre : Fouché doublé d'un Vidocq, Vidocq deuxième manière. De plus, il était fort, non comme un gendarme, mais comme un porteur des Halles ou comme un champion de boxe poids lourds, et pratiquait la manière forte, passant vigoureusement et successivement à tabac tous les malandrins qui lui tombaient sous les pattes. Il répandait donc la terreur dans le monde de la basse pègre. Pour éviter le contact avec ses larges battoirs et ses pieds encore plus redoutés, nombre de vagabonds émigraient, sortaient de la zone dangereuse. Par malheur, Lilitte eut un beau jour des visées politiques. Il fut démissionné et chansonné. Obligé de rendre à qui de droit son sabre d'adjudant, il lui donna, paraît-il auparavant, le baiser d'adieu, tel Napoléon à Fontainebleau. De ce geste naquit « Bo fè a » qui n'a rien de mystérieux.

Embrasse ton épée Lilitte *(bis)*
Lilitte n'est plus gendarme
Embrasse ton épée Lilitte *(bis)*
On a révoqué Lilitte.

Les étrangers n'étaient pas épargnés :

Col - by a-vant-ou pa - ti ou-a vi - ni   bo mas - si bol - ou..!-Col - by a-vant-ouni - ler ou-a vi - ni

bo mas - si - bol - ou..! -- Col - by a-vant-ou pa - ti ou-a-vi - ni   bo mas - si - bol - ou..!

Ou-a vi - ni   bo, ou-a vi - ni   bo mas - si - bol - ou..! - Jùsqu'Col - by qui   lé   ba-di - né

nous. - Jusqu' Col - by qui   lé   ba-di - né   nous ! Col-by mon-té, Col-by descende,

Col - by tom-be dans   d'l'eau !- Col-by mon-té,   Col-by descende.- Col-by tom - bé dans lan   mé !

1).-- « Un Américain, surnommé Colby lance un ballon à la savane du Fort La première fois, le vent souffle en bourrasque. L'ascension rate. Et la chanson d'ouvrir aussitôt ses ailes :
Jusque Colby qui lé badiné nous ! » etc

Le dimanche suivant : calme plat. Le ballon file dans les nuages, emportant Colby faisant des sauts périlleux Vous n'essayeriez pas d'en faire autant, n'est-ce pas ?.. ni moi non plus.
« Bref, l'aérostat tombe à l'horizon lointain. Le jeune aéronaute, recueilli par un canot, retourne à pieds à à la Savane.

I

Colby avant de partir
Nous te conseillons de venir embrasser ta petite amie
Tu viendras embrasser
Tu viendras embrasser ta petite amie

II

Même Colby qui veut nous badiner *(bis)*
Colby est monté
Colby est descendu
Colby est tombé à l'eau.
Colby est monté
Colby est descendu
Colby est tombé à la mer.

Ce chant sur Colby est d'autant plus satirique que ce dernier arrivé à la Martinique annonce son futur exploit en ces termes sur une demi-page du journal « Les colonies » :

Lâchez tout ! ! !
Il est arrivé, il est arrivé, il est arrivé
Qui ? Qui ? Qui ?

167

Parbleu, le grand, le célèbre, l'inimitable
professeur Colby
Le ballon est gonflé, lâchez tout ! ! !

Demain à 3 heures et demie de l'après-midi ne manquez pas d'aller voir le professeur Colby s'attacher à son parachute et s'élever dans sa périlleuse ascension. La musique jouera pendant la représentation.
Prix des places : 1re classe : 4 francs. 2e classe : 2 francs [27].

Les mascarades se terminaient dans les salles de bal, et là on assistait à un tout autre spectacle. Un spectateur en reste médusé : «Il faut voir le branle que l'un de ces musiciens imprime à son trombone. C'est avec son instrument qu'il bat la mesure, il en dirige le pavillon en tous sens pour varier l'intensité des effets. Il prend des poses, il a des attitudes superbes. Et de cet instrument sortent, non pas des notes, non pas des phrases musicales, mais des cris, des appels, des commandements sonores, des vivats effrénés, des rugissements de fauve... aux clameurs tonitruantes du cuivre succèdent les excitations précipitées de la clarinette, s'alliant furieusement ou jetant séparément leurs provocations enragées se joignent les grincements d'un violon criard qui, sous les attaques d'un infatiguable archet, talonne encore les traînards, les harcèle et active la flambée de cette danse d'enfer. Enfin la grosse caisse accentue la mesure, scande les mouvements, ponctuent les arrêts, et, dans cette fusillade crépitante de notes, donne l'impression de la voix du canon qui secoue les combattants sans repos ni trêve [28]. »

LES BELAIRS CRÉOLES

Le carnaval terminé, les rues de Saint-Pierre recommencent à résonner des chants des femmes noires « du matin au soir d'un bout à l'autre de l'année. Elles ont des voix admirablement timbrées. Leurs notes sont claires, jeunes, de cristal. Elles chantent... avec une facilité étonnante. Croirait-on que dans les cases les plus pauvres où les jeunes filles poussent au hasard, résonnent les airs les plus jolis de Gounod et de Massenet ? Sitôt qu'une femme se met à chanter dans les quartiers pauvres, toutes reprennent en chœur le refrain. Imprégnées dès leur plus jeune âge de musique savante entendue dans les rues, au théâtre quelquefois, dans les jardins publics, elles les mémorisent et s'en inspirent lorsqu'elle improvisent. » C'est ainsi que la mazurka « Cœu moin ka fait moin mal » est inspirée de la Favorite de Donizetti :

168

CŒUR MOIN
KA FAIT MOIN MAL [1]

Si je pouvais me changer en oiseau
Comme le rossignol qui vole dans l'air
Je volerais dans les bras de celui que j'aime mon Dieu
Pour lui raconter ce que pense mon cœur

Refrain

Où est celui que j'aime Ah mon Dieu
Où est celui qui me comble de joie Ah mon Dieu *(bis)*
Mon cœur me fait mal *(se serre)*

169

Elles entremêlent avec élégance le phrasé de la mélodie française, les rythmes et les balancements de la musique créole :

Chansons des îles de A. Hayet, p. 172

Vous ne voyez pas sur la rade
Une petite goélette, jolie ; mignonne
qui se balance près du quai.

Vous ne voyez pas que tout le monde est à la fenêtre.
Elle part hélas comme une jeune fille coquette.
Sur la place nous sommes malheureuses,
La misère nous ronge
Nous arpentons sans relâche le canal
Pour chercher de l'or à la Langouste.

Mais gardons-nous de généraliser. La rentrée en force des Noirs dans la vie sociale et politique, ne modifie pas la coexistence des deux langages musicaux. Maintenant ils cohabitent. Désormais les campagnes ne sont plus les seuls lieux ou presque, où la musique au tambour a droit de cité. Chaque groupe social, selon ses options politiques, ses choix de mode de vie, son degré d'instruction, a sa musique et ses danses. Les soumis aux exhortations des prêtres se divertissent en dansant les danses christianisées, les moins scrupuleux ou insoumis dansent leurs rythmes créoles et leurs gros kas (danses au tambour).

Dans les campagnes les chants de métiers conservent leur tristesse et leur monotonie, les événements politiques ne modifiant pas le sort des pauvres :

Seuls les travaux des chants collectifs sont toujours alertes, gais, malgré ou à cause de la difficulté des tâches.

« Plus nous coupons, plus nous avons envie de couper,
« Dépêchons-nous de couper la canne. »

Les danses du dimanche s'espacent et se déplacent. On ne les danse plus que sur les plantations les soirs de paye, c'est-à-dire deux fois par mois. Les danses commençaient le samedi et se prolongeaient quelquefois jusqu'au lundi. Une fois l'argent empoché, les travailleurs assiègent les débits de boisson, les musiciens enfourchent leurs tambours alors commencent les rires puis les disputes. La communauté s'attroupe en frappant des mains et voilà partis les mendé, lérose, roulé, grage, les danses honnêtes. Mais la grande consommation de punchs fait en même temps se réveiller les vieux démons africains, l'obscurité aidant les calendas (tumblacks à la Guadeloupe) les damiers et laguias retrouvent leur place. De nos jours certains prétendent que les calendas se dansaient nus. On comprend aisément les rixes que cela provoquait et leur mise à l'index par l'Église : « Ceux qui n'ont pas entendu le tambour nègre, n'ont rien entendu en fait de musique, de cette musique enragée qui fait hurler les chiens et procure une inflammation au tympan à tous ceux qui possèdent pour si peu que ce soit le sens de la civilisation... Le samedi soir cela commence de bonne heure... puis le dimanche, puis la nuit d'après, pendant que s'entremêlent avec le bèlè ou le calenda, les hurlements des femmes battues, les cris féroces des ivrognes se disputant la possession de quelques moricaudes... [29]. »

Les laguias n'étaient dansés que lorsque les dieux devaient départager deux majors.

Dans le même temps, dans les arrières-salles des boutiques, il y avait les « bals mazincoins » : Les contremaîtres et quelques autres travailleurs, faisaient venir des musiciens professionnels leur réclamant les danses polissonnes : les biguines, mazouks et autres danses créolisées y compris les quadrilles qui pour la circonstance perdaient alors de leurs « principes », car les musiciens n'hésitaient pas à chanter : « Tenez vos dames gracieusement par les deux bouts de tété, faites-les connaître les quatre coins de la salle », etc. Ces bals tout comme les léroses ou bels ais commençaient sagement par une valse lente, une mazurka, une biguine, mais après il fallait... faire plaisir aux clients. Nous vous laissons deviner la suite. Ces danses n'étaient pas chantées, l'orchestre se composait généralement de la clarinette, du violoncelle surnommé « manman cochon », le violoncelliste simulant les « ßrognements d'amour » exhalés par les couples dans leurs ébats amoureuк, un violon ou un banjo alto, éventuellement un chacha, un sillac et un triangle, tous ces instruments accompagnés d'un tambour et d'une caisse claire.

Dehors, plus loin, les parents et les enfants sages dansent les belairs. L'une des plus grandes figures de bel air, à la Martinique, ti Émile, explique que cette danse se compose de huit autres. Leurs rythmes sont alternativement vifs et lents, que le chanteur à la fois soliste et chef d'orchestre, rappelle à l'ordre le tambourinaire quand il manque de rigueur ou change de tempo, les danseurs quand ils n'exécutent pas les figures demandées par le tambour et les choristes quand ils manquent de conviction. Il s'adresse alors aux chœurs en chantant :

« Chéri la voix pou moin
Chantez plus fort » renchérissez votre voix
ou encore :
Répondè, ban moin on bel rèpriz'
« Répondeurs chantez plus beau, faites attention. »

Les biguines, mazurkas, belairs ne doivent pas nous faire oublier les quadrilles ruraux. On en dansait deux en Guadeloupe, l'un avec commandements, l'autre sans. Ils sont exécutés par un violon ou un accordéon, accompagnés d'un triangle, d'un tambour de basque, d'un chacha, d'un sillac, ce dernier fait d'un nœud de bambou cannelé que l'on frotte d'une baguette de bois dur. On en dansait trois à la Martinique : le quadrille, la haute-taille et la réjane.

Toutes sont des danses paysannes. En les créolisant, les percusionnistes ont ajouté aux rythmes des « trips » c'est-à-dire des séries de petits coups frappés sur la peau du tambour, très rapides, rappelant des petits

172

tremblements que l'on ferait subir à l'instrument. A la Guadeloupe les commandements sont chantés, plutôt criés d'une voix monocorde, ils suivent la cadence des danses et sont énoncés en créole, sur un ton autoritaire. On pourrait parler de récitatifs. A la Martinique, seule la haute-taille et le quadrille sont commandés. Ceux-ci sont chantés. Pendant les danses, le commandeur fredonne dans l'espace de deux commandements d'autres airs.

Si aux colonies le quadrille a conservé ses quatre danses : pantalon, été, poule et pastourelle, précédées d'une valse, une biguine généralement les clôture. Mais cette cinquième figure varie d'une communauté à l'autre. Tantôt on danse la boulangère, tantôt la Saint-Simonienne.

La haute-taille n'a que trois danses : contredanse n° 1, etc., ses rythmes sont agrémentés comme pour le quadrille de trips.

La réjane, n'a pas de commandements. Ses figures, au nombre de trois, sont accompagnées des rythmes de la biguine.

Épilogue

1902, c'est l'horreur. La montagne Pelée « crache du feu », c'est la « punition de Dieu ». Avec Saint-Pierre, s'engloutissent les Amateurs, les musiciens créoles. De son théâtre, il ne reste que les marches d'entrée. Son carnaval, ses casinos, disparus à jamais. Ses biguines, vaincues par le démon de la montagne, par la volonté du Dieu des chrétiens. Il faudra des années à la Martinique pour se relever de ce choc psychologique, ainsi qu'à la Guadeloupe. Des années pendant lesquelles, la biguine sommeillera, crainte, mais aussi dédaignée : « Avec quelque crainte de nous compromettre, écrit Gilbert de Chambertrand, nous n'osions même pas l'admirer jusqu'ici. Il semblait qu'elle fut l'apanage d'un monde rustique dont notre bourgeoisie se devait quelque peu dédaigner les mœurs. Et avec une ingéniosité et une sottise parée de suffisance nous décrétions que c'était là, qu'une manifestation inférieure, qui ne méritait pas notre approbation [30]. » Les concerts et le théâtre cessent.

Nous conclurons notre ouvrage par un hommage aux musiciens sans lesquels on ne pourrait aujourd'hui parler de musique antillaise, puisqu'elle est le fruit d'une improvisation collective. Eu égard à cette particularité, elle n'a pas retenu leur nom d'autant que les traditions et les conventions sociales imposaient de les considérer comme des marginaux salariés quand on les rétribuait, ou comme des baladins, chéris des dieux, et serviteurs des hommes. Il fallut la catastrophe pour que Salvina, de son vrai nom Virgile Savane se rappelle Saint-Arles. « Quel type, un vrai bohémien celui-là. Nul n'a jamais su de quoi, ni comment vivait Saint-Arles. Sa musique sans gîte errait partout à l'instar d'un trouvère antique. » A toutes les fêtes populaires, le barde créole émergeait dont ne sait où, avec sous le bras son violon ou sa guitare, et il improvisait ou il chantait en s'accompagnant, des poésies de sa façon. On applaudissait, on invitait l'artiste à boire et à manger et c'était tout. La plupart de ses hymnes, chansons de bon aloi se perdaient aussi noyées dans l'oubli et l'indifférence populaire. Gueux comme Job, Saint-Arles traînait sa musique à redingote râpée, dans tous les caboulots de la ville (Saint-

Pierre). Il semait à pleines mains des trésors, pour quelques punchs vite engloutis [6]. »

Nous n'oublierons pas les contemporains : Velo, Sopta, Danican de la Guadeloupe. Le premier génial tambourinaire dont le seul langage était son instrument : Toutes nos questions n'avaient comme réponses que des exemples de rythmes au tambour. Le second, à nos yeux excellent pédagogue en même temps que musicien. Par la simplicité de ses réponses il a su nous faire découvrir le long cheminement des danses tant de fois citées : lérose, mendé, etc. Le troisième, Danican connu de toute la ville de Pointe-à-Pitre au début du siècle, nous a renseignés sur la signification des bals dits « à principes » et sur leur impact. Il était alors rétribué cinq sous par quadrille joué. Le secret des laguias nous fut en partie révélé par Simon Haustan, des Trois Ilets de la Martinique, dit Simon le pêcheur ; la survie du belair par Émile Casarus dit Ti Émile de Saint-Marie, actuellement professeur au centre Jean-Marie Serraut de Fort-de-France ; l'existence des bals mazincoins par Yvannès Coppet des trois Ilets, qui pendant des années a été le percussionniste de son frère Hurard, dont il nous reste aujourd'hui quelques enregistrements.

Bibliographie

Chapitre I : 1635-1714

[1] L'Abolition de l'esclavage de Auguste Cochin. Désormaux, l'Harmattan, p. 245.

[2] Extrait du discours anonyme écrit en 1684 qui paraît émaner d'une personne habitant la Guadeloupe. Arch. Nat. Col. C. 8 B 1.

[3] Histoire antillaise. La Martinique et la Guadeloupe du XVIIᵉ à la fin du XIXᵉ siècle de Liliane Chauleau, p. 19.

[4] Extrait de la copie de la lettre du Père Mongin, missionnaire d'Amérique à une personne de condition du Languedoc, écrite de l'île de Saint-Christophe au mois de mai 1862.

[5] Le Courrier de la Guadeloupe (périodique) du 10 mars 1835.

[6] Nouveau Voyage aux isles de l'Amérique contenant l'histoire naturelle de ce pays, l'origine, les mœurs, la religion et le gouvernement des habitants anciens et modernes. Les guerres et les événements singuliers qui y sont arrivés pendant le séjour que l'auteur y a fait par le R.P. Labat, de l'Ordre des Frères Prêcheurs. Nouvelle édition augmentée considérablement et enrichie de figures en Tailles-douces, tome deuxième. A Paris, rue Saint-Jacques, chez J.B. Delespine, Imprimeur Lib. ord. du Roy, à la Victoire et au Palmier. Avec approbation et privilège du Roy, M.DCC.XLII, éd. des Horizons caraïbes, p. 401.

[7] La Guinée Supérieure et ses missions. Études géographique, sociale et religieuse des contrées évangélisées par les missionnaires de Missions africaines de Lepon de J. Teilhard de Chardin, membre de la société géographique de Paris, 2ᵉ édition. Se trouve au collège apostolique des Missions africaines à Keer-Lez-Maastricht (Hollande), p. 154.

[8] Nouveau Voyage aux isles d'Amérique de Labat, éd. Horizons caraïbes, tome II, p. 402.

[9] De la danse par le Conseiller d'État Moreau de Saint-Méry. Administrateur des États de Farme. Plaisance et Gustalla. A Parmes, 1803, p. 42.

[10] Le Vaudou haïtien de Alfred Métraux. Gallimard, p. 75.

[11] Diadyée, Gwoka, de Jocelyn Gabali. Imprimerie Édit., 72-22 rue d'Annam, 75020 Paris, p. 106.

[12] Histoire générale des Antilles, habitées par les François de Du Tertre de l'Ordre des FF. Prêcheurs, éd. Horizons caraïbes, 1973, tome II, p. 476.

[13] De la danse de Moreau de Saint-Méry, p. 45, *op. cit.*

[14] Collection Musée de l'Homme, enregistrement de G. Rouget, MC 20045 et LVX 193.

[15] Afrique noire. Musique ancestrale pour un monde à venir. Éd. Courrier de l'Unesco, octobre 1972, p. 225.

[16] La Guinée supérieure et ses missions. Étude géographique, sociale et religieuse des contrées évangélisées par les missionnaires de la société des missions africaines par J. Teilhard de Chardin, 2ᵉ édition, p. 34.

[17] Sucreries au Brésil et aux Antilles à la fin du XVIIᵉ siècle d'après Antonil et Labat, de Marcel Chatillon. Bulletin de la Société d'histoire de la Guadeloupe, n° 55, premier trimestre 1983, archives départementales, p. 35.

[18] Relation du Père Pellerat de la Compagnie de Jésus dans les îles d'Amérique.

[19] Dans le sillage des caravelles. Annales de l'Église en Guadeloupe, 1635, 1970 de Camille Fabre. Saint-Pierre de Colombier, 07450 Burzet, p. 109.

Chapitre II : 1714-1789

[1] Trois siècles d'histoire antillaise Martinique Guadeloupe de A. Martineau et de Ph. May. Société de l'histoire des colonies françaises et Librairie Leroux, 108, boulevard Saint-Germain, 1935, p. 51.

[2] Idem, p. 52.

[3] Le folklore et la danse de M.A. Louis. Paris, GP, Maisonneuve et Larose, MCMLXII, p. 48.

[4] Chants et chansons des soldats de France, de Joseph Vingtrinier, Paris, Albert Mérican éditeur, 1902, p. 7.

[5] Études historiques et statistiques sur la population de la Martinique par le docteur E. Rufz. 1ᵉʳ volume, Saint-Pierre-Martinique, imprimerie De Carles, rue Justine, 9, 1850, p. 295.

[6] Dans le sillage des caravelles de Camille Fabre, p. 103.

[7] Écho des Antilles, n° 49 de 1917.

[8] Le Courrier de la Guadeloupe du 25 mars 1835.

[9] Les Grandes Heures du Théâtre de Saint-Pierre par Maurice Nicolas. Imprimé sur les presses de Berger Bellepage. S.A., juillet 1974, p. 9.

[10] Voyage en Guinée et dans les îles Caraïbes en Amérique de Paul Erdman Isert, Paris chez Naradan libraire, 1973, p. 339.

[11] Voyage à la Martinique de Thibaut de Chanvallon, Paris, Cl. J. Blanche, 1763, p. 66.

[12] Voyage en Guinée et dans les îles Caraïbes en Amérique de Paul Erdman Isert, p. 326.

[13] Musique. Perspectives pour une sociologie de la musique de Ivo Supicic, Zagreb, Institut de musicologie, 1971, p. 66.

[14] 40 000 ans de musique. L'homme à la découverte de la musique de Jacques Chailley, Plon, p. 131.

[15] Voyage aux Antilles de Léonard. A Paris de l'imprimerie de Didot Jeune. L'An VII, 1798, p. 115.

[16] De la danse de Moreau de Saint-Méry, p. 20, op. cit.

[17] Idem, p. 31.

[18] Idem, p. 32.

[19] Idem, p. 35.

[20] Idem, p. 53.

[21] Idem, p. 22.

[22] L'écho des Antilles, n° 45, 1916.

[23] De la littérature des Nègres de H. Grégoire, BM, Saint-Méry, p. 105.

[24] Diadye de Jocelyn Gaali, Imp. Éd., 22, rue d'Annam, 75020 Paris, p. 75.

[25] Souvenir des Indes occidentales et impressions intimes suivis Eliza et Maria. Londres Simpkin Marshall et cie Stationers' Hall Court. Guernesey, éd. Barbet, 24, rue des Forges, 1853, p. 152.

[26] Esquisses martiniquaises de Lafcadio Hearn traduit par Marc Logé. Réédité par l'Annuaire international des Français d'Outre-Mer, 41, rue du Colisée, 75008 Paris, p. 186.

[27] Lettre sur un voyage aux Antilles par Léonard. A Paris de l'Imprimerie de Dodit Jeune, l'an VII, 1798, p. 187.

[28] Souvenir des Indes occidentales de Henri Marquand, p. 152.

[29] Voyage à la Martinique de Thibaut de Chanvallon, Paris, CI. J.B. Blanche, 1763, p. 67.

[30] Memoir of Americain fol-lore Society, folk-lore of the Antilles french and english par Elise Clew Parson, éd. Americain folk-lore Society. G.Y.G. Schert and co N.Y. Agents, 1933, p. 205.

[31] Revue de l'histoire des colonies françaises, 1927. Article de la Fête Dieu à la Martinique en 1753. Arch. col., F 3 144, p. 76.

[32] Musique Dan. La musique dans la pensée et la vie sociale d'une société africaine de Hugo Zemp. Cahiers de l'homme. Ethnologie géographie, linguistique, Paris, Mouton, La Haye, p. 24.

[33] Panorama du folklore haïtien. Présence africaine en Haïti de Emmanuel C. Paul. Éd. Fardin, 1978, Imprimerie de l'État, Port-au-Prince, 1962, p. 60.

[34] Aventures de guerre aux Antilles par le Capitaine Lassale de Louisenthal. Publiées par G. Debien. Note d'histoire coloniale, n° 200, 1980, p. 70.

[35] Les cimetières à Saint-Domingue au XVIIe siècle de G. Debien, Revue française d'Histoire d'Outre-Mer, 1974, n° 25, p. 28.

[36] Panorama du folklore haïtien de E.C. Paul, p. 231, *op. cit.*

[37] Voyage aux Antilles de Léonard. A Paris de l'Imprimerie Didot Jeune. L'an VII, 1798, p. 161.

[38] Lettre sur un voyage aux Antilles de Léonard, p. 186.

[39] La musique de l'Afrique de Francis Bebey, 1969, éd. Horizons de France (Expression), p. 144.

[40] Ça c'est la Martinique de Léona Gabriel Soïme.

[41] Chanson des îles de Armand Hayet, capitaine au long cours, éd. Denoël, Paris, 1937.

[42] Le Courrier de la Guadeloupe du 10 mars 1835.

[43] Colonies, 8 bis, 1753.

[44] La musique française de Norbert Dufourq, Paris, éd. A. et J. Picard, p. 153.

[45] Bulletin de la société d'Histoire de la Guadeloupe. Publié avec le concours du Conseil général de la Guadeloupe, Basse-Terre, archives départementales, n° 50, 1982.

Chapitre III : 1789-1802

[1] Histoire de la Guadeloupe de A. Lacour, Basse-Terre, Guadeloupe, 1858, tome II, p. 135.

[2] Chants et chansons des soldats de France de Joseph Wintrinier, Paris, Albert Mérican éditeur, 1, rue du Pont-Lodi, 1902, p. 14.

[3] Chansons des îles recueillies et présentées par le capitaine au long cours Armand Hayet. Harmonisation de Charles Bredon. Éd. Denoël, 19, rue Amélie, Paris, 1937.

[4] Histoire de la Guadeloupe de A. Lacour. Conseiller à la Cour Impériale Basse-Terre, Guadeloupe, 1858, tome III, p. 385.

[5] *Idem*, p. 22.

[6] L'Allamanach républicain chantant pour l'An 2e de la République française. Chez Lallemand libraire sur le Pont-Neuf, n° 9, BN Ye 14068.

[7] Les étapes du chant français du XVIIIe siècle de Tircis à Bonaparte, 50 chansons de la cour et de la ville. Préface de M. l'Abbé Maillet. Directeur de la Manécanterie des petits chanteurs de la Croix de Bois. Les éditions ouvrières, 12, avenue de la sœur Rosalie, Paris XVe, p. 121.

[8] Le chansonnier de la Montagne ou recueil de chants, vaudevilles, pots-pourris et hymnes patriotiques par différents auteurs. Paris chez Fravre libraire. Maison Égalité Galerie de bois, n° 220, l'an III.

[9] Romance sur la liberté des hommes de couleur, paroles d'Auguste, artiste du théâtre de vaudeville, musique de Langlé professeur de l'École nationale de chant. Chant et basse chiffrée n° 7 de la 2e livraison in-4° du V.M. 7030 collection de Constant Pierre.

[10] La Révolution française et l'abolition de l'esclavage, tome XI, La révolte des Noirs et des créoles, éditions d'histoire sociale, 10, rue de Vivienne, Paris, tome XI.

[11] Voyage d'un naturaliste en Haïti 1799-1803 par M.E. Descourtilz publié par Jacques Boulenger. Librairie Plon, 1935, 4e édition, p. 126.

[12] Histoire de la Guadeloupe de Auguste Lacour, Guadeloupe, tome III, p. 242.

[13] Le carnaval de Saint-Pierre (Martinique), Folklore martiniquais. 45 chansons créoles. F. de F. Martinique Imprimerie Illemay, 1930 ou bien Mercure de France du 1er avril 1925, n° 619, p. 122.

Chapitre IV : 1802-1848

[1] La contredanse et les renouvellements de la danse française de Jean-Michel Guilcher, Paris, Mouton and co., La Haye, MCMLXIX, p. 167.

[2] A la Martinique. Ante Isle de l'Amérique par Pierre Noury. Préface de Henry Lémery. Éditions d'Histoire et d'Art, librairie Plon, p. 92.

[3] Histoire de la Guadeloupe de Auguste Lacour, Basse-Terre, tome IV, p. 116.

[4] *Idem*, p. 257.

[5] Gazette officielle de la Guadeloupe 1814.

[6] Journal politique et commercial de la Guadeloupe du 7 octobre 1815.

[7] Le Courrier de la Guadeloupe du 10 mars 1835.

[8] Journal politique et commercial de la Pointe-à-Pitre du 26 mars 1818.

[9] *Idem* du 5 août 1819.

[10] *Idem* du 24 février 1820.

[11] Les Grandes Heures du Théâtre de Saint-Pierre de Maurice Nicolas. Imprimé sur les presses de Berger Bellepage S.A., juillet 1974, p. 32.

[12] Extrait de la lettre XIV de l'Abbé Dugoujon à M. Campardon, vicaire de Saint-Pierre, Codom.

[13] Le Carnaval de Saint-Pierre.

[14] Voyages aux Antilles françaises, anglaises, danoises, espagnoles à Saint-Domingue et États-Unis d'Amérique de Granier de Cassagnac. Paris Dauvin et Fontaine, 1842, p. 214.

[15] *Idem*, p. 220.

[16] *Idem*, p. 216-219-220.

Chapitre V : 1848-1870

[1] La Révolution anti-esclavagiste de mai 1848 à la Martinique par Armand Nicolas, Imprimerie populaire, 1967, p. 27.

[2] Le Commercial de la Guadeloupe du 31 mai 1848.

[3] Le Courrier de la Martinique du 24 octobre 1849.

[4] Journal commercial de la Guadeloupe du 4 avril 1849.

[5] Le Courrier de la Martinique du 31 mars 1849.

[6] *Idem* du 23 mai 1849.

[7] *Idem* du 1er septembre 1849.

[8] *Idem* du 18 avril 1849.

[9] *Idem* du 18 juillet 1849.

[10] Chansons Biessettistes pour le temps de Noël par Lavollée, Saint-Pierre, Martinique. Imprimerie de Carles, rue Justine n° 9.

[11] Journal commercial de la Guadeloupe du 11 juillet 1849.

[12] *Idem* du 4 août 1849.

[13] *Idem* du 17 octobre 1849.

[14] Courrier de la Martinique du 20 juin 1849.

[15] Chansons des Antilles par Mesplé et E. Benoit, CCDP. Guadeloupe, Préface de J. Zébus.

[16] Ça c'est la Martinique de Gabriel Soïme.

[17] L'Avenir, journal de la Guadeloupe du 24 mars 1852.

[18] Dans le sillage des Caravelles de Caravelles de Camille Fabre, *op. cit.*, p. 227.

[19] Les diocèses coloniaux jusqu'à la loi de la séparation de 1850 à 1912 par le R.P. Janin C.S. SP. Épilogue par G. Goyau secrétaire perpétuel de l'Académie française. Imprimerie d'Auteuil, 40, rue de La Fontaine, Paris 16e, p. 244.

[20] Dans le sillage des caravelles de Camille Fabre, *op. cit.*, p. 227.

[21] Le Commercial du 20 juillet 1861.

[22] Le grand livre du piano édition préparée par Dominic Gill. Traduction de M.C. Cuvullier. Van de Velde, p. 233.

[23] Le Commercial de la Guadeloupe du 20 février 1861.

[24] 1 000 chants choisis par Edel Bertier, *op. cit.*, p. 188.

[25] Chansons des Antilles par R. Mesplé et E. Benoit, *op. cit.*, Préface de J. Zébus.

[26] La vie paysanne à la Martinique par J.B. Delawarde. Fort-de-France, Imprimerie officielle, 1937, p. 263.

[27] Black Dance in the United States from 1619 to 1970. Lynne Fauley Emery with foreward by Katherin Dunham. National Pressbook, traduction de l'auteur, p. 31.

[28] Les masques Kono. (Haute Guinée française). Leur rôle dans la vie religieuse et politique de B. Holas. Assistany d'ethnologie à l'institut français d'Afrique noire. Paris, librairie orientaliste Paul Geuthner S A 12, rue Vavin, 1952, p. 47.

[1] Les Antilles, journal de la Martinique du 15 février 1873.

[2] Gazette officielle du 6 décembre 1873.

[3] Les Antilles du 16 décembre 1876.

[4] *Idem* du 29 mars 1876.

[5] Le Moniteur de la Guadeloupe du 2 juillet 1873.

[6] Trente ans de vie à Saint-Pierre, *op. cit.*

[7] Ça c'est la Martinique de Gabriel Soïme, *op. cit.*

[8] Les Colonies, journal de la Martinique, du 15 janvier 1890.

[9] La Vérité du 10 août 1893.

[10] *Idem* du 14 août 1890.

[11] 40 000 ans de musique de Jacques Challey, *op. cit.*, p. 121.

[12] Musique et société de Ivo Supicic, *op. cit.*, p. ???.

[13] Les Antilles du 4 décembre 1869.

[14] La Vérité du 14 août 1890.

[15] Les Antilles du 23 juin 1880.

[16] Le Propagateur du 11 décembre 1878.

[17] Les Antilles du 20 mars 1880.

[18] Les Colonies du

[19] Le Courrier de la Guadeloupe du 29 mars 1884.

[20] *Idem* du 19 novembre 1886.

[21] Nos créoles de Corée, éd. Albert Sabine, 1890, p. 63.

[22] Le carnaval de Saint-Pierre, *op. cit.*

[23] Panorama du folklore haïtien de E.C. Paul, *op. cit.*, p. 58.

[24] Du soleil sur les manguiers (L'enchantement des îles) de Eugène Figuières éditeur, Paris, p. 207.

[25] Trois ans à la Martinique de Louis Garaud. Alice Picard et Kaan éd., Paris S.D., p. 74.

[26] Le carnaval de Saint-Pierre par Anca Bertrand, extrait de la revue Parallèle. Guadeloupe. Mensuel littéraire. Martinique, n° 4, 1965.

[27] Propagateur du 30 août 1876.

[28] Quelques notes sur la musique martiniquaise de Victor Coridun, p. 25.

[28] A la Martinique. Ant-Isle de l'Amérique de Pierre Nourry. Préface de Henri Lémery. Éditions d'Histoire et d'Art. Librairie Plon, p. 90.

[29] Observations sur la Martinique de Basset, éd. Challamel Aîné, 1886, 1er fascicule.

[30] Nouvelliste du 18 novembre 1925.

Table des Matières

Avant-propos   7

Chapitre premier. — Les débuts de la colonisation (1635-1714)   11

    Données historiques   11
    La société   12
    La musique.   12
    La musique du pouvoir.   14
    Musique et société   16
    La musique serve   17
    Particularités des chants   27
    La musique dans l'action missionnaire   29

Chapitre 2. — L'âge d'or de la colonisation (1714-1789)   33

    Données historiques   33
    La société   34
    Musiques et pouvoirs.   34
    Musique et société   44
    La musique serve   49
    La musique dans l'action missionnaire   74

Chapitre 3. — La première abolition de l'esclavage. La période révolutionnaire française (1789-1802)   77

    Données historiques   77
    L'histoire et la musique   77
    Le théâtre   86

Chapitre 4. — Le retour à l'esclavage (1802-1848) 87

    Données historiques 87
    Musiques et pouvoirs 87
    La musique des Noirs 97

Chapitre 5. — La deuxième abolition de l'esclavage et le Second
    Empire (1848-1870) 105

    Histoire et musique 105

Chapitre 6. — La Troisième République (1870-1902) 137

    Données historiques 137
    Musique et politique 137
    Musique et société 151

Épilogue 175

Bibliographie 177

Achevé d'imprimer par Corlet, Imprimeur, S.A.
14110 Condé-sur-Noireau (France)
N° d'Imprimeur : 18591 - Dépôt légal : octobre 1990

Imprimé en C.E.E.